Trinta Tretas

Trinta Tretas

crônicas de
Marluci Ribeiro

ilustrações de
Wendell Rodrigues

lura

GERENTE EDITORIAL Roger Conovalov **ILUSTRAÇÕES** Wendell Rodrigues **DIAGRAMAÇÃO** André Barbosa **REVISÃO** Alessandro de Paula **CAPA** Lura Editorial	Todos os direitos desta edição são reservados à Marluci Ribeiro. Primeira Edição **LURA EDITORIAL** - 2022. Rua Manoel Coelho, 500. Sala 710 São Caetano do Sul, SP – CEP 09510-111 Tel: (11) 4318-4605 www.luraeditorial.com.br contato@luraeditorial.com.br

Todos os direitos reservados. Impresso no Brasil.

Nenhuma parte deste livro pode ser utilizada, reproduzida ou armazenada em qualquer forma ou meio, seja mecânico ou eletrônico, fotocópia, gravação etc., sem a permissão por escrito da autora.

Dados Internacionais de Catalogação na Publicação (CIP)
(Câmara Brasileira do Livro, SP, Brasil)

Ribeiro, Marluci
   Trinta tretas / Marluci Ribeiro -- 1. ed. -- Lura Editorial -- São Paulo, SP : 2022.
   136p.
   ISBN: 978-65-84547-96-4

1. Crônicas I. Editorial, Lura.

CDD: 869.935

Elaborada por Bibliotecária Janaina Ramos – CRB-8/9166

  1. Crônicas : Literatura brasileira
    869.935

À minha amada mãe Natividade Ribeiro de Oliveira (*in memoriam*).

Sumário

	Apresentação	9
1.	À Flor da Pele	10
2.	Assedia-dor	14
3.	Bastão	18
4.	Benfazejo Beliscão	22
5.	Brincando com Fogo	26
6.	Chuva de Xixi	30
7.	Clima Ruim	34
8.	Convescote Vespertino	38
9.	Cuspe da Vergonha	42
10.	Dança Fatal	46
11.	Doce Língua	50
12.	Erros Pueris	54
13.	Estava Escrito	58
14.	Falha em Fax	64
15.	Lotação Esgotada	68
16.	Malfadados Cacófatos	72
17.	Manchas Marcantes	76
18.	Mundinho Maçã	80
19.	O Braço Amigo e a Passarela	84
20.	O Choque de Um Tapa	88
21.	Parto Condor	92
22.	Passeio Inocente	98
23.	Perda de Identidade	102
24.	Po(r)ção de Mãe	106
25.	Relógio de Bolso	110
26.	Roupa Suja se Lava em Casa	114
27.	Sétimo Assalto	118
28.	Sob Pressão	124
29.	Tic-Lic	128
30.	Viés Alheio	132

Apresentação

Ao longo da vida enfrentei tantas tretas! Por isso não foi difícil selecionar trinta delas: fatos inusitados – divertidos, trágicos, estranhos – que vi, vivi e ouvi. Tentei ao máximo me manter fiel aos acontecimentos, alterando apenas (por motivos óbvios) os nomes dos envolvidos.

Procurei contar de maneira simples, direta, sem descrever demais lugares e pessoas, a fim de que qualquer um pudesse se identificar com a situação. É claro que, por vezes, precisei me ater a características físicas das personagens. Em outras, dei detalhes sobre o local do ocorrido.

Confesso que agora (tudo pronto e entregue) me bate uma curiosidade: você viveu alguma treta parecida ou vivenciou algo ainda mais pitoresco? Conte para mim como enfrentou (e vem enfrentando) as consequências disso. Prometo ser discreta!

Sem mais delongas... eis aqui um livro de crônicas leve, que pode ser degustado em doses homeopáticas, já que são histórias independentes. Espero que saboreie a leitura e fique com um gostinho de quero mais!

Abraço fraterno,

Marluci Ribeiro
marluciroliveira@gmail.com

1
À Flor da Pele

Finalmente havia chegado o dia de conhecer Melissa, filha de Marinalva, minha colega de trabalho. Tínhamos estreitado os laços ao longo da gestação, motivo pelo qual aguardava ansiosamente o momento de ver de perto o rosto da menina.

Era uma manhã de sábado, já passados cinquenta dias do nascimento. (Achei de bom tom respeitar esse prazo para ajuste da rotina e maior proteção à saúde da bebê). Toquei a campainha e fui atendida pela mãe da minha colega. Não havia dúvida quanto a isso. Ela — Dona Mirtes — era uma versão mais velha de Marinalva. Sorridente, me cumprimentou e informou que a filha estava amamentando a herdeira.

Com leve cumprimento de cabeça a segui e, abraçando um bichinho de pelúcia antialérgico, entrei no quarto, que estava à meia-luz. Fiquei junto à porta, observando aquele momento mágico. Pairava um silêncio reconfortante, quebrado apenas por alguns suspiros da recém-nascida.

Na sequência, fomos para a cozinha. Dona Mirtes fez questão de colocar a neta para arrotar. Marinalva, muito falante e bem-disposta, enaltecia a filhota. Entreguei o mimo que havia trazido, enquanto ouvia os feitos da pequena. Aproveitamos o frescor da manhã para nos sentar nas cadeiras junto à janela. Dona Mirtes, ainda com a bebê no colo, apontou para a pele da neta e disse:

— Você não acha que a Melissa está clareando, minha filha?

A questão ficou no ar. Senti um nó na garganta. Uma vontade de dar uma resposta desaforada para a avó, mas não tinha intimidade para isso. Acovardei-me. Fiquei sem jeito diante de minha colega de trabalho que, claramente, estava sem graça.

Era sabido que Marinalva se casara com um rapaz afrodescendente — fato absolutamente irrelevante. Mas, pelo visto, tratava-se de uma espécie de tabu familiar, ou pareceu ser naquele instante.

Marinalva se recompôs e devolveu a pergunta:

— A senhora acha? Não vi diferença.

Dona Mirtes desandou a discorrer sobre o "clareamento" da neta, apostando que se tornaria mais evidente com o passar dos anos. Uma lástima completa. O comentário azedou a visita. Fiquei ansiosa por partir. Não conseguia encarar a idosa, tampouco a filha. O clima pesou. Sem saber muito o que fazer, aleguei que não me demoraria. Afinal, era preciso respeitar o sono da bebê e o repouso materno. Ambas viviam momentos preciosos!

Com um sorriso amarelo, Marinalva agradeceu a visita. Disse que continuaria postando fotos da filha nas redes sociais para que acompanhássemos seu desenvolvimento. Realmente, era uma bebê graciosa, cheia de vida. Uma pena que viesse a testemunhar o preconceito no seio de sua família. De que importa a tonalidade da pele? Tratava-se apenas de um comentário infeliz e eu estava exagerando? Por que impliquei com Dona Mirtes? O desconforto de Marinalva, no entanto, serviu de alerta. Talvez não fosse a primeira vez que tal assunto viesse à tona...

Enfim, era hora de levantar acampamento. Haveria um longo percurso de volta, que fatalmente cumpriria sob o impacto de minhas reflexões. Saí com os nervos à flor da pele, engasgada pelo desaforo contido. Ao mesmo tempo, apiedada de minha colega, imaginei o que talvez o genro encarasse no cotidiano e, mais tarde, sua filhinha teria de enfrentar. Também senti o amargor da minha covardia. Deveria ter respondido à altura, apoiado minha colega. Temi que minha réplica gerasse uma discussão e, com isso, perturbasse o sono daquele anjinho. Seria possível ainda que se tratasse somente de uma mentalidade arcaica e a própria Marinalva saísse em defesa da mãe...

No fundo, fiquei torcendo para que o tempo e o amadurecimento pudessem trazer luz aos envolvidos.

2

Assedia-dor

A dorava brincar livre no quintal. Ali encontrava meu espaço para criar e correr. Magra, barriga cheia de vermes, cabelos negros muito lisos e compridos, descalça, sorriso largo rasgando a cara, era uma criança levada, que adorava ler e subir em árvores. Por isso, às vezes unia minhas duas paixões: lia refestelada no galho mais alto da jaqueira.

Na época (idos de 1976) eu tinha dez anos de idade e vivia com minha mãe e três irmãs, num lar matriarcal. Meu pai havia saído de casa uns três anos antes e sumira no mundo. Confesso que não sentia falta das brigas nem dos berros...

Minha casa, cercada com arame farpado, permitia a visão da rua e da vizinhança. No lado esquerdo, morava um casal com dois filhos. À direita, havia um terreno baldio. Em frente, uma amiga de muitos anos de mamãe, enfermeira aposentada, morava com um dos filhos, viúvo e mudo. Conhecido como "mudinho".

Esse vizinho de frente, com seus quarenta e pouco anos, gostava de compartilhar comigo seus desenhos. Um talento nato, com certeza! Sentávamos lado a lado no chão, junto ao portão de casa, e ele ia folheando suas obras. Em geral, silhuetas femininas, com flores no cabelo e seminuas. Mesmo meio constrangida, preferia acreditar que ele apreciava sereias e não tinha maldade em exibir para mim aquelas imagens. Não havia diálogo, obviamente. Ele simplesmente expunha seus desenhos e me olhava, expectante, carente de elogios. Pelo menos assim eu pensava. Por isso, dava ênfase aos pontos que me chamavam atenção: cores variadas, rostos bonitos, flores caprichadas... Com linguajar infantil, tentava alegrar aquele homem que me parecia sempre bem tristonho.

Foi numa dessas visitas que ele não se contentou em me olhar. Simplesmente me abraçou forte, me imobilizando e forçou um beijo. Na hora, enrijeci e procurei escapar do agarre. Sabia que aquilo não era certo. O beijo era reservado para o capítulo final das novelas, entre o mocinho e a protagonista e cercado de muito amor. Ouvia os suspiros de minhas irmãs. O primeiro beijo era algo sagrado... Meus olhos se encheram d'água, o coração disparou. Senti-me enganada, meio suja até. Afinal, achei que ele fosse meu amigo! Tive medo também. Levantei-me e saí correndo para dentro de casa. Teria de contar o ocorrido para minha mãe, tão logo ela voltasse do trabalho.

Aprendi com ela a respeitar as diferenças, a tratar bem todas as pessoas. Por isso acolhia o vizinho no portão de casa, mesmo sem poder conversar com ele. Até aquele momento ele nunca havia me tocado. Percebia alguns olhares mais demorados, mas nada que me incomodasse tanto.

Ao narrar o ocorrido, minha mãe ficou profundamente aborrecida. Alertou-me sobre o perigo de ficar sozinha com um adulto, ainda que não fosse desconhecido. Disse que conversaria com a mãe dele. Pediu que eu relatasse qualquer fato estranho. Parabenizou-me pela atitude de me afastar, sem ofendê-lo, ainda que ele merecesse ouvir uns desaforos!

Daquele dia em diante, sofri com taquicardia toda vez que esbarrava com o dito cujo na rua, na padaria... Era difícil. O olhar dele mudou. Ficou mais ousado. Amedrontada, atravessava a rua quando o via. Vivia sobressaltada. Isso me perseguiu por alguns anos até que, aprovada num concurso público, me mudei para a capital federal. A paz completa só veio quando soube do seu falecimento. Triste dizer isso, mas é a pura verdade.

3

Bastão

Tinha quinze anos e morava de favor na casa da patroa. Na verdade, ela havia me tirado dos braços de mamãe quando eu contava oito anos, com a promessa de que iria estudar no Rio de Janeiro. Mas a realidade mostrara-se outra: subia num banquinho para alcançar o fogão. Só consegui estudar até a quarta série primária porque a pressão para dar conta do serviço doméstico se intensificara com o tempo.

Meu problema maior, no entanto, era o filho do casal. Para ele, eu era uma espécie de propriedade, de bônus, alguém que também deveria prestar favores sexuais. Vivia me atormentando e eu, me esquivando.

Seguia meus dias atenta. Uma vez, ao buscar um ingrediente na última prateleira do armário da cozinha, na ponta dos pés, senti o jovem se aproximar por trás, invadindo meu espaço pessoal sem meu consentimento. Aproveitei que havia um pacote de cinco quilos de açúcar por ali e me virei repentinamente, jogando o peso do mantimento sobre o peitoral do inconveniente. Foi um susto e tanto! Acabou desistindo da abordagem.

Os dias se passaram e mesmo depois desse episódio, o dito cujo continuou me atentando. Precisava do trabalho e da moradia. Não tinha parentes na cidade. Toda a minha família morava em Goiás e eu simplesmente não recebia salário. Tinha de mantê-lo longe de alguma forma. Evitava seus olhares e sorrisos enviesados. Fugia das mãos bobas impertinentes e fingia não ouvir seus gracejos — se é que poderia chamar assim suas piadas de gosto duvidoso...

A casa era grande, havia muitos cômodos para cuidar e o casal gostava de receber amigos, o que aumentava ainda mais o volume das tarefas. Tudo precisava estar impecável! Os almoços e jantares eram fartos e, em geral, somavam vinte comensais. Uma correria que mal me dava tempo para me preocupar com aquele mancebo insolente.

Até que uma noite ele invadiu meu quartinho abafado, nos fundos da casa, fechado por uma reles cortina. Não havia porta. Ele me bolinou enquanto eu dormia, até me despertar. Desesperada, me debati, gritei. Ouvi a gargalhada dele diante do meu pavor. Clamei que saísse e me deixasse em paz. Disse que estava com cólica, "naqueles dias". Fez careta. Desistiu. Ameaçou retornar outro dia.

Fiquei apreensiva. Meu quarto não era seguro. O que deveria fazer? Reclamei com a patroa, ela insinuou que a culpa era minha. Certamente me oferecia ao rapaz... Bufei, revoltada. No fundo, eles achavam que atender os desejos do filho seria mais uma obrigação minha. Enfim, encontrava-me num beco sem saída.

Até que resolvi dar uma de doida. Estabeleci minha estratégia e aguardei o retorno do abusador. Ele seria surpreendido! Dito e feito: numa madrugada, fingindo dormir, aguardei que se aproximasse da cama. Quando senti as malditas mãos dele em meu decote, saquei o bastão escondido sob o travesseiro e meti-lhe o sarrafo! Ele correu, gritando, e eu segui atrás. O escândalo despertou o casal, que apareceu na sala em trajes de dormir e olhos espantados.

Apontei o pedaço de pau para o jovem e disse com toda a raiva que habitava meu ser:

— Essa é a confiança que dou pro filhos de vocês! Se ele aparecer de novo no meu quarto, eu mato ele!

Virei as costas, trêmula, e tentei conciliar o sono. Havia muito trabalho me esperando assim que amanhecesse. Precisava descansar. Consegui aplacar minha ira com o passar das horas. Aguardava com apreensão o desfecho do ocorrido. O que fariam comigo?

No dia seguinte, tudo seguia como o previsto. Sem comentários. O rapaz, bastante machucado, retraiu-se, para meu espanto. As piadinhas cessaram, permanecendo os olhares desrespeitosos, a distância. Contrataram outra menina para cuidar da roupa. Foi um alívio para mim!

No fim, valera a pena dar um basta naquilo. Era uma época de poucos direitos, quando se recebia menores para cuidar do lar. Um trabalho escravo consentido, visto como caridade. Enfim, uma aberração. Mais tarde, com vinte anos, consegui minha libertação por meio do casamento. No fundo, apenas uma transferência de cela. Com porta, dessa vez.

4

Benfazejo Beliscão

Era mais um dia de trabalho como mestre de cerimônias. O evento parecia simples: entrega de certificados aos servidores com quinze, vinte, vinte e cinco e trinta anos de casa. Um singelo café da manhã regado a reconhecimento e gratidão.

Lá estava eu, a postos junto ao púlpito, aguardando a chegada das autoridades, responsáveis pela distribuição dos diplomas aos agraciados. Como era grande a quantidade de homenageados, a cerimônia prometia ser demorada, com roteiro extenso e vários pronunciamentos.

Atrás de mim, perfilada e atenta, estava Mirtes, representante do Cerimonial e minha assessora direta, a quem caberia me comunicar a chegada de cada dos responsáveis pela entrega dos prêmios. Afinal, ela conhecia todas as pessoas ilustres que abrilhantariam a solenidade, além de reconhecer a fisionomia dos servidores mais longevos.

Tudo fluía normalmente até que, lá pelas tantas, precisei chamar o presidente do sindicato. Mirtes não teve tempo hábil, entre uma fala e outra, de me avisar que o dito cujo ainda não havia chegado. Como não recebi qualquer notificação contrária, julguei que o convidado já estivesse entre nós. Por isso, passei-lhe a palavra:

— Agora vamos ouvir o presidente...

Na mesma hora recebi um beliscão daqueles no meio das costas. Como sabia que Mirtes ali se encontrava, compreendi que havia algum problema sério e... me calei. Interrompi minha fala e olhei para a frente. Todos os presentes mostravam-se expectantes. Quem falaria naquele momento?

Por presença de espírito, corri os olhos pelo roteiro e, para meu alívio, o próximo convidado também ocupava a posição de presidente, só que de outra entidade. Emendei a fala, chamando, então, a próxima autoridade.

Tão logo teve início o discurso laudatório, dei um passo para trás e Mirtes cochichou no meu ouvido:

— Desculpe o beliscão. Esqueci de avisar que o presidente do sindicato ainda não havia chegado.

— Eu que agradeço. Seria muito desagradável chamar alguém ausente. Fiquei em suspenso, mas no fim tudo deu certo.

Mirtes olhou-me admirada, talvez estranhando meu espírito condescendente ou, quem sabe, minha capacidade de dissimulação. O fato é que realmente estava grata pela intervenção dolorida. O beliscão evitou um constrangimento maior e foi discreto. Doeu o suficiente para despertar minha atenção, sem, contudo, provocar burburinho na plateia atenta.

Bom seria que na vida recebêssemos beliscões providenciais como aquele, a fim de evitar grandes burradas. Acontece também de nem sempre estarmos concentrados para corrigir rumos. Em outras ocasiões, preferimos simplesmente choramingar. Enfim, é sempre bom contar com o apoio de alguém de confiança, capaz de nos tirar de enrascadas. Mesmo que seja por meio de um belo puxão de orelha ou um inesperado beliscão nas costas.

5

Brincando com Fogo

Morava num barraco de madeira com minha mãe e mais três irmãs, em Jacarepaguá, zona norte do Rio de Janeiro, nos idos de 1980. Naquela época os apagões eram comuns, especialmente em dias chuvosos. Enchíamos o quarto de velas e ficávamos durante horas brincando com as sombras das chamas bruxuleantes projetadas na parede, até que o sono nos vencesse. Apesar do perrengue, era divertido.

Numa noite, quando recebíamos em casa uma prima querida, com quem dividiríamos o beliche, percebemos que os ventos estavam mais fortes e as luzes das chamas, mais dançantes. Uma das velas fora colocada sobre a televisão preto e branco, recém-comprada. A única que mamãe resolveu deixar acesa enquanto papeávamos, já que minhas irmãs menores tinham medo do escuro.

De madrugada, desperto com o berro de minha prima:
— Fogo! Fogo!

Sonolenta e ainda sem entender direito o que acontecia, abri os olhos e vi minha mãe se levantar rapidamente. Para meu espanto, o televisor parecia implodir. O tubo de imagem derretia e expelia lava sobre nós. Os fragmentos incandescentes marcavam nossa pele. Saindo do torpor, lancei os pés para fora da cama e saltei para o chão. Não a tempo de impedir que minha mãe, em desespero, tentasse apagar o fogo com as mãos.

Aos berros, conseguimos afastá-la das chamas que tomavam o aparelho. Nossa prima abafou com as cobertas, vencendo o perigo. Depois do susto, olhamos para nossos corpos. Cada qual chamuscada em um lugar. No meu caso, nos joelhos. Minhas irmãs, no pescoço e na face.

Socorremos nossa mãe e rumamos para o pronto-socorro. Lá, ela teve as mãos enfaixadas. Diagnóstico: queimadura de segundo e terceiro graus. A imagem de mamãe naquele estado ainda se faz presente em minha memória. Ela sofreu muito durante o curativo e ainda mais no longo período de recuperação.

Por sorte nossa prima havia acordado, caso contrário talvez não estivesse viva para contar essa história. Aprendemos, com o ocorrido, que é um perigo deixar velas acesas, ainda mais sobre superfícies inflamáveis. O episódio trouxe ainda outra consequência positiva: incumbida de dar banho em mamãe, vivi momentos de profundo afeto e conexão com ela. Sentia que estava retribuindo parte do carinho que recebera até aquela altura da minha adolescência. Estreitamos ainda mais nossos laços.

Daquele dia em diante, nada mais de velas acesas ao dormir, nos casos de falta de energia elétrica. Minhas irmãs tiveram de enfrentar o breu. Nossa mãe tornou-se (ainda mais) nossa grande heroína! As brincadeiras com o reflexo das chamas perderam boa parte da graça. Aprendemos que devemos nos adaptar às mudanças e seguir adiante. O importante é manter-se vivo!

6
Chuva de xixi

Era junho de 1980 e eu contava 13 anos. Juntamente com minha mãe, três irmãs e minha madrinha, rumamos para o Maracanã, a fim de assistir à final do Brasileirão, entre Flamengo e Atlético-MG. A expectativa crescia na medida em que o povaréu caminhava para a entrada do majestoso estádio. Afinal, Zico estaria em campo!

Logo a euforia se transformou em pesadelo, ao me ver prensada na roleta, por força da multidão ensandecida. Gritei a plenos pulmões: "Jesus! Jesus!", à espera de um milagre. Até que finalmente consegui adentrar na arena a tempo de ver minha madrinha se recompor, depois de ter os botões de sua roupa abertos pela euforia dos torcedores.

Meu pânico inicial foi aplacado quando finalmente consegui me sentar na arquibancada para presenciar o espetáculo. O barulho era ensurdecedor! Havia pipa flamenguista sendo empinada em direção à torcida atleticana. Um galo preto foi colocado sob o gol adversário, numa espécie de mandinga pré-jogo. Aquele movimento todo me intrigava, embora estivesse realmente mais interessada na batata frita que mamãe carregava para aplacar nosso apetite e na aparição (iminente) do Galinho de Quintino. Até que os times entraram em campo e o jogo começou.

Do nosso lugar enxergávamos pouca coisa, infelizmente. Mas a balbúrdia compensava tudo! Lá pelas tantas começaram a voar copos descartáveis, respingando o conteúdo sobre nós. Achei aquilo uma afronta! Reclamei para minha mãe, sentada ao meu lado:

— Puxa, mãe, que chato! Ficam jogando guaraná na gente!

Minha mãe arregalou os olhos e, com o riso contido, me disse:

— Não é guaraná, minha filha!

Fiquei curiosa, mas a gritaria era tamanha que resolvi deixar para lá. Logo em seguida veio outro gol do Flamengo e os decibéis subiram ainda mais. Conversar naquele momento seria praticamente impossível. Desisti. Resolvi comemorar também, seguindo o ritual. Foquei naquele mar de gente enlouquecida pela emoção de ver seu time sagrar-se campeão brasileiro, com o placar de 3 a 2. Não atentei para a reação dos adversários diante da derrota. Fiquei preocupada mesmo com o desvario materno diante da vitória rubro-negra. Achei que minha mãe teria um piripaque.

Somente na saída, caminhando para o ponto de ônibus que nos levaria de volta à Jacarepaguá é que minha mãe esclareceu: os copos continham urina. Ela falou isso com brilho nos olhos e um sorriso nos lábios. Naquele momento constatei que nem tudo parece o que é... Ao invés de jatos de guaraná, fomos brindadas por uma chuva de xixi! Porém, somada ao suor, ao cansaço e à fome — pouco saciada pelo saco de batatas fritas gordurosas —, a informação gerou pouco impacto. Claro que senti nojo, cheirei meu braço e clamei internamente por um banho. Mas ao olhar para o lado e ver a alegria da minha mãe e madrinha, bem como das minhas irmãs, percebi que tudo valeu muito a pena. Até mesmo o fato de quase ter sido pisoteada. Foi a primeira (e única) vez que pisei no Maracanã.

7

Clima Ruim

Tinha tudo para ser um domingo feliz. Fazia sol e as quatro irmãs brincavam no parque aquático, supervisionadas pela mãe zelosa. Zuleika, a mais nova, saltitava em meio aos brinquedos, divertindo-se para valer. Perto do fim da tarde, no entanto, o clima mudou completamente.

As irmãs insistiram para que a caçulinha experimentasse o escorregador. A queda tinha uns dez metros de altura e desembocava diretamente na água. O suficiente para aterrorizar a menina franzina, com seus treze anos completos e acrofóbica. Para não fazer desfeita, Zuleika resolveu arriscar. Subiu os degraus lentamente e ficou observando a descida das manas corajosas. Preferiu manter-se sentada por um tempo, rente ao precipício, para criar coragem.

Marina, a mais velha, porém, não teve paciência. Aproveitando uma bobeada, empurrou a caçula para o "abismo". Aos berros, tentando se agarrar às laterais do brinquedo, Zuleika sentiu as mãos queimarem até, finalmente, submergir. O tempo parecia ter congelado. Foram os segundos mais longos de sua vida!

Debaixo d'água, com as pernas trêmulas e cabelos desgrenhados, procurou manter-se de pé, buscando rapidamente a beirada. Nessa hora, percebeu que a parte de cima de seu biquíni havia se deslocado. Ela estava seminua! Aos trancos e barrancos, reposicionou a peça do vestuário e atingiu a borda da piscina, à mercê de risos e da piedade dos frequentadores do clube.

Sentindo-se mais segura, já em terra firme, desandou a chorar. Um choro sofrido, profundo. Na verdade, soluços que lhe sacudiam o corpo. Sob o olhar consternado das irmãs, Zuleika percebeu o quanto aquela brincadeira idiota lhe custara a dignidade. Expusera sua fobia. Virara alvo da atenção alheia.

A mãe, que retornava do banheiro, aproximou-se para consolar a menina e ralhar com as demais. Ajeitou os cabelos da filha e ofereceu-lhe um roupão. Suspirou profundamente ao constatar que, no fim das contas, tudo não passara de um grande susto, sem graves consequências. Assim esperava...

A partir daí tudo desandou: o tempo fechou, elas recolheram rapidamente seus pertences e rumaram para casa. Zuleika seguiu macambúzia, morrendo de vergonha pelo ocorrido. Além do susto e da raiva, teve seus seios expostos. Nunca mais voltaria àquele parque novamente.

As irmãs, igualmente caladas, ruminavam a culpa, em pensamento. A cara de pavor da caçula ficara gravada na memória delas. Não imaginavam que Zuleika realmente tivesse tanto medo de altura. Uma simples brincadeira acabara se transformando em trauma. Perdera a graça. Do episódio restou a certeza: cada qual tem suas fragilidades, suas peculiaridades que devem ser respeitadas.

8

Convescote Vespertino

Naquela época trabalhava das sete da manhã a uma da tarde. Saía varada de fome. Por isso, em geral, o percurso para casa era permeado por "pensamentos gulosos": o cardápio do almoço, a sobremesa... E foi assim, distraída e esfomeada, que entrei em casa. Diferente dos dias anteriores, no entanto, me deparei com meu filho no sofá, vendo televisão. A-com-pa-nha-do. Estaquei diante da cena: chegara o momento de me tornar *sogra*.

Muito tranquilamente, meu filho se levantou e apresentou a jovem, que se chamava Jéssica. Engoli minha surpresa e procurei agir com naturalidade. Cumprimentei-a, sorri e pedi que ficassem à vontade. À vontade?! Está louca, mulher? Muito jovens para isso, não?

Decidi saciar meu apetite, que aliás havia se reduzido muito naquele instante. Auscultei a geladeira. Logo mais o casal precisaria lanchar e não havia muito o que degustar em casa. Engoli alguma coisa, tomei meu banho — dessa vez breve -, pus uma roupa confortável e fui à padaria. Afinal, era meu dever agradar a nora!

Assim fiz. Em Brasília as quadras comerciais costumam oferecer uma boa gama de serviços, incluindo excelentes padarias. Comprei uma sorte de guloseimas, além do tradicional: pães, frios e sucos. Voltei carregada em tempo recorde. Entrei pela porta dos fundos, para não incomodar os pombinhos. Organizei a mesa da copa, cujo tamanho comportaria bem o lanche da tarde. A mesa do jantar, muito grande e solene, não seria apropriada para os jovens... Dessa forma, matutando e caprichando no visual, organizei o evento gastronômico. Hesitante, dei alguns passos em direção à sala, a fim de convidá-los para a degustação. Eis que esbarro em meu filho, que me olha surpreso.

— Cadê a Jéssica? — perguntei sem fôlego.

— Já foi pra casa, mãe.

— Já? Mas vocês nem lancharam... — verbalizei, decepcionada.

Meu filho espiou por sobre meus ombros e vislumbrou o exagero alimentar, perfeitamente disposto sobre a toalha xadrez. Tentei captar sua fisionomia, mas fiquei envergonhada. Preferi baixar os olhos. Talvez para amenizar a situação, meu filho comemorou:

— Eba! Vou cair de boca!

Nada como um filho adolescente, com metabolismo em alta, para devorar rapidamente os petiscos oferecidos. Como havia almoçado mal, decidi acompanhá-lo. Não exagerei, mas fiz jus aos gastos e provei parte do "convescote". Conversamos um pouco também.

No fim das contas foi bom: digeri o fato de que o tempo passa e meu rapaz vivenciava novas experiências. Constatei ainda que precisava controlar minha ansiedade e dialogar com ele. Como nominar o que meu filho e Jéssica viviam? Era namoro? Deveria ter perguntado se queriam lanchar antes de me afobar... Enfim, aprendemos o tempo todo, não é mesmo? Daquela vez a lição me custou alguns trocados e uma mesa farta. Menos mal. Vida que segue!

9
Cuspe da Vergonha

Houve uma fase da minha vida em que precisava pegar oito ônibus por dia. Pode parecer exagero, mas era a triste realidade: estudava no Fundão — Ilha do Governador —, lecionava no interior da Taquara e morava na Freguesia (Jacarepaguá). Quem conhece o Rio de Janeiro sabe do que estou falando.

Acordava às três e meia da manhã, saía às quatro e meia, acompanhada de minha mãe até o ponto mais próximo. Antes mesmo de amanhecer, enfrentava a primeira fila para entrar num coletivo. Seguia até Madureira e depois zarpava para a Cidade Universitária, onde lutava para ocupar um espaço no circular que me levaria ao Departamento de Letras. De lá, fazia o caminho inverso em direção ao centro da Taquara, onde pegava um ônibus para subir a Estrada do Rio

Grande. No fim do dia, outros dois completavam o trajeto de volta ao lar.

Assim, era comum permanecer de pé por longos períodos, sob sol escaldante, à espera do ônibus. Foi numa situação dessas que aconteceu a cusparada. Aqui faço uma advertência: se você é sensível ou enjoado, pare a leitura agora. Vá se distrair com a próxima treta ou faça outra coisa. Não se trata de algo agradável aos olhos nem aos ouvidos. Posso garantir.

Plantada no ponto há pelo menos meia hora, acompanhava o movimento dos veículos que encostavam, recebiam e expeliam passageiros para depois seguirem viagem. Formavam-se filas enormes, como um trem desarticulado, rente ao meio-fio. Distraída e agarrada à bolsa, ouvi o barulho característico de quem expectora. Um ruído esquisito e alto que se extinguiu no exato instante em que algo morno e pegajoso alojou-se sobre meu ombro direito.

As pessoas ao redor fizeram cara de nojo e me olharam com piedade, aguardando minha reação. Fiquei absolutamente estática. O que fazer naquele momento? O dono do fluido zarpara, anônimo em seu assento junto à janela. Deixara para trás (e sobre mim) os eflúvios de sua mazela pulmonar. Restava-me a vergonha por carregar tamanho incômodo! Estava longe de casa, sem lenço, empenhada em chegar na hora à escola onde lecionava. Minhas crianças me aguardavam, expectantes.

O jeito foi seguir viagem e fingir que nada havia acontecido. No colégio, roubaria um tempinho para higienizar o local. Enquanto isso, ostentaria aquela mancha nojenta perante os demais transeuntes. Por sorte havia prendido o cabelo naquele dia. Mas tudo pode piorar... Tem alguma dúvida?

Horas mais tarde, caminhando de tamanco sobre a calçada disforme, dei uma topada daquelas e saí "catando cavaco". Um punhado de terra subiu, besuntou meus pés, fazendo um pequeno estrago à minha precária elegância. Mais adiante, percebi meus dedos úmidos e pegajosos. Olhei atentamente para baixo, constatando que havia tropeçado num escarro. Novamente me deparava com a situação grotesca, asquerosa. Dessa vez no outro extremo do corpo e sem vislumbrar possibilidade de limpeza imediata. Enfrentava mais um percalço no caminho. Um cuspe adicional para embalar minha vergonha.

10

Dança Fatal

Adorava visitar minha irmã mais velha. Casada, ela morava numa casa confortável no bairro de Bento Ribeiro, subúrbio do Rio. Aos olhos de quem vivia num barraco, em Jacarepaguá, aquele lugar mais parecia um palacete!

Além de brincar com meu sobrinho, gostava de apreciar o fogão azul clarinho, com suas belas asas. A mesinha de fórmica da copa, que expandia, também trazia a mesma cor. Era tudo tão arrumado, tão bonito! Dava gosto de ver! Além disso, havia comida na despensa — coisa que costumava faltar lá em casa.

Quando minha irmã saía, por qualquer motivo, me deixava trancada naquela mansão, ouvindo seus famosos LPs. Para quem não é da época, estou me referindo aos discos de vinil, que tocavam dentro de um móvel charmoso chamado vitrola. Gostava de ouvir Azymuth, Carmen Miranda, o que estivesse à mão.

Não havia perigo. A sogra morava na casa da frente. Eu já estava com doze anos completos e me sentia uma mocinha. Naquelas tardes maravilhosas, me deliciava com a liberdade e a barriga cheia. Dançava, cantava, rodopiava...

Foi justamente numa aventura dessas que perdi o equilíbrio, tentei me segurar em alguma coisa, saí tropeçando pela sala e, para minha infelicidade, caí sobre a mesinha de centro. O pé cedeu ao meu peso, o enfeite que repousava na superfície foi ao chão. Fiquei estática. Como explicar o acidente para minha irmã? Ela não iria me querer mais como visitante...

Apavorada, decidi camuflar o estrago: recompus, precariamente, a sustentação da mesinha, recoloquei o vaso de flores artificiais sobre o tampo, desliguei a vitrola e me sentei. Desisti de dançar. Meu coração, aos solavancos, se preparava para o momento em que a mana entraria pela porta, com o filho nos braços, e perguntaria como havia passado a tarde. Meu cérebro dava voltas. Os pensamentos desembestados. O que diria? Como deveria proceder? A verdade acima de tudo, minha mãe ensinava. Mas como perder aquele elo que enchia de calor meu coração? Como decepcionar minha irmã, que me recebia com carinho e se esforçava para me deixar à vontade?

Um lado meu, corajoso, desejava despejar o infortúnio, esclarecendo que fora sem querer. Mas o outro, mais poderoso, teimava em ocultar o desastre, pela despesa que geraria e pelo temor de levar uma bronca... Nessa dualidade, o tempo passou, a noite foi chegando de mansinho, sem que eu percebesse.

Meu cunhado chegou primeiro, para meu alívio. Sorriu para mim e perguntou pela esposa e filho. Disse que haviam saído e estavam a caminho. Como na época não havia celular e telefone fixo era artigo de luxo, vivíamos de suposições e de esperanças.

Algum tempo depois minha irmã retorna, agoniada para servir o jantar e colocar o bebê no berço. Aproveitei e me ofereci para velar o sono do pequeno — um motivo a mais para me mostrar útil e aliviar o peso na consciência. Agradecida, minha irmã se enfiou na cozinha e, dali a pouco, jantávamos todos juntos e sorridentes.

O ímpeto de contar tudo havia esmorecido. Resolvi calar. Rezei que demorassem a notar a mesa torta, com a perna cambeta. O arranjo floral camuflava e, no fim das contas, o móvel era apenas um enfeite mesmo. A sala era pouco usada.

Minhas férias findaram. Retornei ao convívio de minhas outras irmãs, deixando para trás meu rastro de destruição e aqueles dias felizes de bonança e pouca preocupação. Contudo, carregava o peso de minha omissão. Prometi que contaria, dali a alguns dias — o que nunca aconteceu. Se o casal descobriu, não sei dizer... Pelo menos nunca comentaram comigo. Espero não ter prejudicado ninguém.

O importante é que nas próximas férias escolares lá estava eu de volta, só que mais prudente. Passei a ouvir música e dançar com a mesinha afastada, num canto seguro da sala. Percebi que havia sido recauchutada: um parafuso garantia sua integridade. Assim, continuei vivendo momentos especiais no lar emprestado de minha irmã. Uma benesse com prazo certo, depois de um ano letivo puxado. No fundo, mais um tesouro da infância que guardo a sete chaves!

49

11

Doce Língua

Mãe de dois meninos pequenos, Lucimar lutava bravamente para manter a sanidade. Sua paciência andava pouca, sobretudo em razão das constantes brigas entre os rebentos, motivadas pelo ciúme. Eles simplesmente disputavam tudo: objetos, comida e afeto.

Numa manhã de sol, enquanto lia, Lucimar vigiava a brincadeira dos filhos. De vez em quando erguia a cabeça para espiar e manter a paz entre eles. Pelo menos até que o pai chegasse trazendo mimos. Aí a coisa desandava... Daquela vez foram balas. Para Honório, era uma forma de presentear os filhos, embora desagradasse a mulher. Afinal, além da hora imprópria e do açúcar em excesso, o regalo se transformaria em motivo de discórdia!

E foi assim que, passados alguns minutos da divisão dos doces, Lucimar se deparou com a cena habitual: gritos, empurrões e puxões de cabelo. O motivo da contenda? Era isso que ela queria descobrir, ao ver o mais velho, com quase quatro anos, gesticular nervoso e gritar para o irmão caçula:

— Desengole! Desengole!

Aturdida, Lucimar arregalou os olhos e, não resistindo à cena, sorriu. Afinal, o neologismo do primogênito soou tão bem! Mas na sequência, se refez. Controlou o riso, adotou uma postura de disciplinadora e indagou:

— O que houve, Tomás?

O menino, zangado, respondeu:

— O Fael pegou minhas balas e colocou tudo na boca. Agora não quer desengolir.

A muito custo, Lucimar conseguiu manter a seriedade para admoestar o caçula:

— Por que você pegou a bala do seu irmão? Seu pai não te deu as suas?

O bebê, com seus dois anos e meio, olhou para a mãe e, para cativar-lhe a simpatia, abriu um enorme sorriso, expondo as covinhas em suas bochechas rechonchudas. As balas já tinham descido pela garganta. Não havia o que fazer.

Suspirando profundamente e sem coragem de castigar o caçula pela "arte", Lucimar tentou apaziguar os ânimos, para evitar que o mais velho procurasse vingança. Sisuda, a jovem mãe enfatizou:

— Nada de pegar os doces do seu irmão, ouviu, Rafael?

Com voz branda, virou-se para o filho inconformado:

— Seu pai vai comprar mais balas para você, Tomás. Tudo bem?

Ainda aborrecido, o filho mais velho anuiu, mais interessado em saber quando ganharia a esperada prenda. A mãe prometeu que logo, o mais breve possível e, assim, ambos retornaram às brincadeiras. Lucimar, porém, teve dificuldade de retomar a leitura. Não apenas pela necessidade da vigilância, mas para ruminar a criatividade do primogênito. Criança era realmente uma caixinha de surpresas. Assim como a Língua: uma fonte constante de mudanças.

12

Erros Pueris

Tinha dezenove anos, bem distribuídos em um metro e cinquenta e oito de altura e irrisórios quarenta e cinco quilos. Recém-aprovada no concurso para professora na educação infantil da Prefeitura do Rio de Janeiro, seguia orgulhosa para me apresentar na escola onde iria lecionar: uma unidade de ensino reconhecida por sua organização, localizada no Tanque, em Jacarepaguá.

Era início de uma manhã ensolarada do mês de março e havia poucas pessoas na secretaria do colégio. Umas três mulheres, no máximo, que conversavam enquanto eu tentava chamar a atenção. Com o rosto colado na janelinha, apenas a face voltada para aquelas senhoras, dei um sonoro "bom dia". Sem retorno.

Tentei novamente me fazer ouvir e repeti o cumprimento, dessa vez com um pouco mais de ênfase. Uma loura, então, levantou-se e olhou-me detidamente. Fez cara de enfado e disse:

— Não temos mais vagas! — virando-se de volta para o interior da sala.

Em princípio não compreendi o que ela quis dizer, até que processei a mensagem e percebi que me havia confundido com uma pretendente à vaga. Achei engraçado. Primeiro porque já não tinha idade para estudar no horário regular. Depois porque simplesmente não tinha filhos nem irmãos em idade escolar.

Para sanar a confusão, esclareci:

— Não estou procurando vaga. Sou a professora nova e estou me apresentando.

A loura novamente se aproximou, dessa vez com um sorriso no rosto, pedindo desculpas. Informou que há anos não recebia uma docente com tão pouca idade. Aproveitou para se apresentar: era a diretora Jadna, com muitos anos de experiência no magistério.

Fui imediatamente acolhida pela reduzida equipe que ali se encontrava, apresentei meus documentos, preenchi e assinei os formulários necessários. Na sequência, fiz um pequeno *tour* pelas dependências da escola, percebendo o zelo com as instalações.

Senti, de imediato, muito orgulho de fazer parte daquele time. Seria professora de uma turma da segunda série, com quarenta e dois alunos. Um desafio e tanto para alguém que lecionava em uma escola particular e vivia sua primeira experiência na educação pública.

Esse pequeno lapso inicial foi benéfico: acabei sendo notada. A diretora nunca mais esqueceu meu nome. Era a caçula entre os professores. Não apenas pelo tempo de casa como pela idade mesmo. Ficava até encabulada de participar das conversas, nos intervalos das aulas. Os assuntos giravam basicamente em torno de casamento e filhos.

Meses mais tarde, o lapso se repetiu, dessa vez quase gerando consequências desagradáveis. Ao participar de um concurso literário, ofereci o número do telefone da escola para contato. Eis que fui uma das finalistas na categoria juvenil. Ao ser contatada, contudo, a secretária do colégio informou que não havia ali professora alguma que pudesse concorrer naquela categoria. Antes de desligar, contudo, a colega lembrou-se de mim e retomou a ligação. Quase perdi o prêmio por conta do erro pueril.

Narrou-me o fato sorrindo, horas mais tarde. Achei engraçado também. As professoras e outros membros da equipe eram divertidos, adoravam me deixar corada. Contavam piadas picantes, indagavam se eu tinha namorado... Com o passar do tempo, me acostumei com as brincadeiras, me enturmei. Lá vivi uma curta e incrível experiência. No ano seguinte, transferi-me, pois fui requisitada por outro estabelecimento de ensino.

13

Estava Escrito

Naquela época — nos idos de 1981 —, o acesso ao segundo grau (atual ensino médio) era praticamente um vestibular. Ainda mais no meu caso, que estava entre a escola normal — responsável pela formação de professores — e a escola técnica — excelente preparação para o vestibular.

No fundo, ambas me proporcionariam uma profissão, algo que ambicionava. Pertencia a um lar muito pobre, onde ter mais uma fonte de renda era fundamental. Mas a dúvida persistia. Amava o magistério. Lecionava em casa, alfabetizando as crianças da vizinhança. Colecionava "tretas" também. Por vezes os pais "esqueciam" de me pagar... Por outro lado, a perspectiva de me tornar professora de Língua

Portuguesa me impelia ao curso técnico, a fim de garantir aprovação no vestibular.

Diante da bifurcação, decidi tentar os dois, já que as datas das provas não coincidiam. Assim fiz. Concorri a uma disputada vaga na Escola Normal Carmela Dutra. Os testes eram discursivos e, apesar da dificuldade, senti que havia me saído bem. A primeira etapa da prova para o CEFET (Centro de Formação Tecnológica) era objetiva e o gabarito, marcado com palito de dente sobre um cartão a ser perfurado. Vivíamos os primórdios da informática no Brasil.

Ansiosa pelos resultados, combinei com um amigo que também concorrera a uma vaga na Escola Técnica Federal que acompanhasse a publicação. Além de morar longe de uma banca de jornal, mal tinha dinheiro para comer... A aprovação na Carmela saiu antes. Vibrei muito! Nem acreditei quando soube que havia sido aprovada em primeiro lugar.

Apesar da conquista, ainda alimentava a expectativa de participar da segunda etapa para o curso de Mecânica. Afinal, todos diziam que o curso Normal não era forte o suficiente para garantir êxito no vestibular. Não havia ênfase nas exatas. Daí minha insistência em tentar vaga para o CEFET.

Os dias foram passando... Resolvi procurar um orelhão e ligar para o meu amigo. Foi então que ele me falou:

— Puxa, Lúcia! Você não passou! Chato isso, né?

Conversamos um pouco. Ele tentava me consolar. Também fora reprovado. A pedido de vários amigos, ficara incumbido de procurar uma série de números de inscrição. Tarefa árdua, considerando o emaranhado impresso naquelas páginas cor de rosa.

Precisei me conformar. Garantira minha vaga na Carmela Dutra! Durante a apresentação dos documentos para a matrícula, fui parabenizada pela primeira colocação e avisada de que teria de discursar para as quase setecentas calouras. Ocupei-me, então, de preparar meu discurso em versos e procurei esquecer a escola técnica.

Porém, o destino quis brincar comigo. Numa manhã, minha mãe pediu que fosse com ela à casa de uma amiga. Sem assunto, sentei-me no sofá e fiquei acompanhando, de longe, a conversa das duas. Lá pelas tantas, olhei para a mesinha de centro. Sobre ela estava o malfadado jornal rosa. Sabia de cor meu número de inscrição. Resolvi folhear. Ao relancear os olhos sobre a relação de aprovados na primeira etapa do CEFET, eis que localizo meu número. Eu havia sido aprovada!

A notícia provocou uma reviravolta no meu estômago, uma taquicardia. Naquele dia estava sendo aplicada a prova discursiva. Eu havia perdido a segunda etapa! Minha vista nublou. Tentei conter o choro e não consegui. As lágrimas escorriam sem cessar.

Minha mãe interrompeu o papo e me olhou, franzindo a testa.

— O que houve, minha filha?

— Eu passei... — falei meio abobalhada.

Minha mãe não compreendeu de pronto. Até que viu o jornal sobre meu colo. De imediato, se levantou, agradeceu a hospitalidade da amiga e partimos. Fizemos uma caminhada silenciosa. Minha mãe respeitou minha dor. Eu tentava, estoicamente, conter o pranto. A decepção era imensa!

No caminho, procurei um orelhão e falei com meu amigo, que ficou consternado. Pediu mil desculpas, jurou que simplesmente não localizara meu número de inscrição. É claro que o perdoei, reconheci seu arrependimento sincero. Será que outros candidatos também haviam perdido a segunda etapa pelo mesmo motivo?

Em casa, caí na cama e desatei a chorar. Foram três dias com febre, moleza no corpo, desânimo. Minha mãe não sabia o que fazer para me consolar. Mesmo aprovada na Carmela — uma escola pública de renome na formação de professores — eu seguia triste, macambúzia.

No terceiro dia de prostração, minha mãe entrou no quarto e foi incisiva:

— Filha, levante-se! Saia dessa cama! Você precisa aceitar o destino. Sabe-se lá o motivo, mas estava escrito que você vai ser professora. Nada de desenhar parafusos! Bora! Você já chorou o suficiente!

Em seguida, me arrancou as cobertas. A bronca materna me fez repensar a situação. Mesmo perdendo a chance de saber se eu seria capaz de passar na prova do CEFET, tinha de ser grata por ter vaga garantida no segundo grau numa escola como a Carmela Dutra.

O fato me trouxe vários ensinamentos: aceitar com resignação aquilo que não podemos mudar; ser feliz com o que se tem e agradecer cada graça recebida, cada conquista. Enfim, parafraseando famosa canção popular: levantar, sacudir a poeira e dar a volta por cima.

14

Falha em Fax

Sou da época do fax. Antes que você precise recorrer a um site de busca, vou facilitar sua vida: trata-se de um aparelho que, via rede telefônica, possibilitava a reprodução de mensagens. Tinha um sinal sonoro característico, difícil de reproduzir em palavras, mas que servia de registro tanto do envio quanto do recebimento do documento impresso. Exigia papel especial e era o aparato tecnológico mais avançado daqueles tempos, permitindo concretizar transações a distância.

Como trabalhava com compras corporativas no Maranhão, o fax me permitia contatar outros mercados. Era uma "mão na roda". Todos utilizávamos o equipamento, em especial meu assistente direto, conhecido como "Seu Porto", sujeito de humor oscilante, beirando à rabugice. Muito competente, acabávamos relevando seu jeito irascível.

Num dia de ritmo frenético, recebi a ligação de um fornecedor paulista, que desejava participar de um processo de aquisição e precisava sanar algumas dúvidas. Depois dos esclarecimentos, orientei o potencial parceiro a enviar sua cotação de preço por fax. A ligação estava ruim, com muitos chiados. Algo bastante comum na época! Solicitei que enviasse o documento aos cuidados do Senhor Porto.

Naquele momento atinei que a pessoa do outro lado da linha poderia entender errado o nome do meu auxiliar e gerar um conflito. Por isso, enfatizei: Porto com "t". Vai que a pessoa entende "porco"? Sorri internamente e desliguei tranquila. Certamente fecharíamos aquele processo de compra sem maiores problemas.

Retornei então à rotina dos papéis, dando seguimento a outros pedidos pendentes. Até que lá pelas tantas, percebo meu colega se aproximar, enfurecido, agitando um papel nas mãos. Ergui a cabeça e comecei a rezar para que a treta não fosse comigo. O que eu havia feito de errado? Respirei fundo e me preparei para a peleja. Seu Porto, soltando uma série de impropérios, bateu na mesa, estendendo uma folha de fax diante dos meus olhos.

— Olha o absurdo que esse camarada fez? Tá de brincadeira com a minha cara, só pode ser isso... — e seguiu aos brados.

Relanceei os olhos pela página e, lá no alto à esquerda, li, estarrecida: aos cuidados do Senhor Torto. Com "t". Tive de segurar o riso. O momento era dramático. Precisava apaziguar os ânimos para garantir o negócio sem ferir os brios do colaborador dedicado.

— Absurdo mesmo. Onde já se viu trocar P por T? Erro de datilografia, desatenção... Fazer o quê? Mas o preço dele tá bom?

Achei por bem desviar o foco para o trabalho e, com isso, minimizar o impacto da falha na grafia. Deu certo. Começamos a falar sobre os valores dos itens a serem adquiridos, prazos de entrega, condições de pagamento, padrões de qualidade... E assim encerramos aquele expediente sem uma crise mais profunda. Sinto saudades desse meu colega instável, por incrível que pareça. Peço perdão, contudo, aos mais nostálgicos: não sinto falta do fax. No fundo, uma fonte de distorções.

15

Lotação Esgotada

Seguia firme nos degraus do ônibus da Redentor, na linha 600, brigando com o cansaço do peso dos livros e das obrigações. Enquanto isso, Lucinda divagava, tentando manter o equilíbrio, apesar da pressa do motorista nas curvas sinuosas da famosa Serra Grajaú- Jacarepaguá.

Até que, em dado momento, viu-se sacudida fortemente — o que lhe exigiu força adicional para evitar um choque contra as portas pneumáticas do lotação. Xingou mentalmente o condutor, ainda que ignorasse o motivo da falha. Teria sido produto do sono? Da distração? Alguma manobra abrupta de outro motorista?

O certo é que a freada brusca a trouxe de volta à realidade: ônibus lotado, uma cortina de gente a impedindo de olhar o responsável por se ver praticamente prostrada diante do precipício. Por um triz dessa vez! Ufa! O suor se avolumava em seu corpo leve, com míseros quarenta e cinco quilos e meio. Muito diferente do peso de sua bagagem, que continha as provas dos alunos para corrigir.

Depois do susto e sob o estranho silêncio que reinava naquela lata, Lucinda retomou suas divagações. Dessa vez para refletir sobre o erro. Sim. Aquele profissional cometera uma grave falha, colocando em risco a vida de algumas dezenas de pessoas. Pensando nisso, sopesou o drama de um erro médico fatal. Ou ainda a pressão psicológica de um juiz de futebol, para quem um lapso qualquer seria transmitido e retransmitido para milhões de espectadores.

Suspirou. Agradeceu ser uma simples professora. Seus desvios seriam testemunhados por crianças entre oito e nove anos e, dificilmente, apreendidos pelos pais, cujo interesse na rotina escolar de seus filhos beirava o nada.

Assim seguiu viagem, torcendo para que se abrisse uma passagem no corredor, a fim de alcançar a porta de saída sem ser bulinada e, então, adentrar na realidade quente e movimentada do subúrbio carioca onde morava. Levava seu fardo, que se tornava cada vez mais pesado conforme o tempo avançava. O motorista não repetiu seu "erro". O trecho da descida foi vencido com rapidez e firmeza.

Lucinda, por sua vez, tornou-se vigilante. Não queria ser surpreendida novamente. Resolveu deixar o perigo dos degraus, na iminência da invasão de novos passageiros. Preferiu arriscar-se à molestação. Essa era sua rotina. Caminhou para a frente, sentindo-se uma bandeirante ao desbravar novos espaços. Nenhuma alma boa se ofereceu para segurar sua maleta. Talvez nem fosse capaz de confiar sua carga preciosa a mãos incautas...

Enfim, já próxima ao ponto, encarou o motorista. Decidiu demonstrar empatia. Disse um tímido "obrigada" antes de apear. Afinal de contas, aquela sacudidela lhe fez repensar o ofício: seus erros comprometeriam gerações! Um olhar mordaz, uma palavra enviesada, uma falha na grafia e seus pupilos levariam por anos o peso das consequências. Ela não teria como medir isso. Caminhou mais um quarteirão sob o escaldante sol, com fome. Vergada sob o peso de sua jornada, prometeu dedicar-se com ainda mais afinco ao magistério público. Não havia espaço para desvios ou malfeitos. Esgotada, bendisse a experiência malfadada à beira do abismo, pois lhe serviu de alerta. Como diria sua sábia mãe: "todo mal vem para o bem".

16

Malfadados Cacófatos

Fazer locução de rádio exige cuidados redobrados com os fenômenos linguísticos. Além da concisão, clareza e respeito às normas gramaticais, há que se atentar para a cacofonia. Evitá-la o máximo possível. Daí a necessidade de ler em voz alta o texto escrito para detectar o que não for eufônico.

Mas, por vezes, nas transmissões ao vivo, quando a mensagem chega às pressas, o pior acontece. Foi numa dessas ocasiões que me deparei com construções como "Argentina, México, Peru"; "havia dado" e outras mais! E como palavra dita não volta atrás, tais "pérolas" foram ao ar...

Quando percebidos a tempo, esses erros são corrigidos, remendados... Na maior parte dos casos, contudo, os cacófatos se imortalizam na internet, para além dos ouvidos de quem acompanha em tempo real. À primeira vista, pode parecer bobagem. Mas não soa bem! Além de provocar risos, tende a truncar a mensagem, dificultando o entendimento. Enfim, funciona como ruído ao processo de comunicação.

A cacofonia tem sido utilizada ainda pelos próprios internautas, ao registrarem seus nomes, de forma a expor o radialista a situações ridículas. A junção das palavras forma uma terceira, geralmente obscena. Incauto, o profissional de rádio (ou apresentador de vídeo) acaba pronunciando em voz alta a piadinha infame sem o perceber. A título de exemplo: quem nunca ouviu falar na "Paula Tejando"?

Há situações, porém, em que a mera junção dos termos soa desagradável ou engraçado, sem necessariamente formar algo inteligível. É uma cacofonia, certamente, mas que apenas provoca estranhamento ou riso. Exemplo disso vivenciei na minha infância, época em que criança não se metia nas conversas dos adultos. De maneira geral, nem falava, para não incomodar. Era uma manhã ensolarada e minha mãe caminhava ao lado de uma amiga de longa data. Eu tentava acompanhar os passos apressados de ambas, agarrada à mão de mamãe, enquanto confabulavam.

— Estou um "caco", amiga — lamentou a jovem senhora que desabafava seus dissabores.

— Que "caco" o quê? — respondeu minha mãe, tentando animá-la.

De imediato, a junção dos fonemas me provocou um riso que não consegui controlar. Minha mãe, irritada, me deu um puxão. Tentei conter meu ímpeto. Foi difícil. Pairou no ar um silêncio incômodo. Creio não ter sido compreendida naquele momento.

Mais tarde, recebi um belo puxão de orelha. Expliquei a cacofonia — na época não tinha ideia de que isso existia. Minha mãe acabou rindo, depois de me aplicar a repreenda. Foi assim que mantive o primeiro contato com esse desagradável percalço linguístico. Passei a apurar meus ouvidos, redobrando os cuidados com a dicção e a sintaxe. Afinal de contas, mensagem também tem embalagem!

17

Manchas
Marcantes

Morávamos juntas: uma paulista, uma cearense, uma mineira de "belzonte" e uma carioca da gema como eu. Reunimos nossos tíquetes — espécie de vale que pouco valia — e rumamos para o supermercado mais próximo do apartamento onde moraríamos pelos próximos dois anos e meio. Caminhávamos tagarelando sobre o barro brasiliense, nos idos de 1988, para quebrar a tensão da pouca convivência e do medo do desconhecido.

Tinha vinte e dois anos e até então sempre morara com minha mãe e irmãs. Era a mais tagarela de todas. Trajava minha primeira calça jeans com lycra, presente da irmã já formada. A blusa era verde, curta, expondo minhas parcas curvas.

Depois das compras, saímos repletas de produtos de limpeza, cuidadosamente distribuídos em sacolas de papel entre as cinco. (A divisão de tarefas, de forma equânime, passaria a ser nosso lema dali por diante.) Sobraçava meu quinhão, sorridente, contando piadas, feliz pela liberdade recém-conquistada e pela promessa de um futuro promissor.

 Ao chegar ao apartamento, contudo, verifiquei que minha sacola estava úmida. Descendo o olhar, para acompanhar o trajeto das gotículas, constatei, consternada, que a água sanitária traçara uma destruição silenciosa em minha calça nova — e única. Chorar seria prova de fraqueza e ridículo apego material. Mas fiquei arrasada. Que fazer? As manchas iam das coxas à bainha. O jeito era cortar short e aposentar a peça para minhas aulas na Escola Superior de Administração Postal. Minha irmã ficaria triste também. Fizera um crediário para mim.

 Tentei levar na esportiva, troquei-me, vesti minha roupa de faxina e acompanhei o ritmo frenético de minhas colegas de lida na ânsia de manter brancas paredes e chão. A calça? Nem como short serviria! Desisti de salvá-la. Formada, com salário decente, poderia comprar outras.

 Aprendi na pele — ou na segunda pele — que podemos cometer graves falhas. O que não devemos é nos deter nelas. Afinal, a vida muda tanto com o passar do tempo! A paulista, que parecia frágil, era uma fortaleza. A cearense, de Fortaleza, era míope, mas enxergou bem o amor quando cruzou seu caminho. A carioca retornou à terra natal, casou-se e teve um casal de filhos. A mineira, no mês seguinte, alugou uma vaga para morar sozinha e estudar idiomas — o que facilitou sua transferência para a Suíça, depois de formada. Eu? Casada, fui morar em São Luís do Maranhão. Nunca mais tive uma calça como aquela e passei a tomar mais cuidado ao transportar água sanitária. Mas continuo errando muito...

Ao longo do curso, que se estendeu por trinta meses, conheci pessoas maravilhosas e até hoje guardo doces lembranças de um tempo que não volta, mas volta e meia me vem à recordação. Momentos vividos (e tão vívidos!) que me levam às lágrimas, me arrancam risos e provocam um aperto gostoso no coração.

18

Mundinho Maçã

O corpo humano encerra segredos insondáveis. Disso ninguém duvida. Cada qual carrega consigo mistérios e idiossincrasias — eta palavra bonita! No meu caso, por exemplo, convivo com algo no mínimo estranho... Na verdade, quando degusto uma maçã — independentemente de sua textura — me isolo do mundo, fechada na reverberação do meu próprio mastigar. Assim, quando por acaso conversam comigo enquanto devoro o pomo avermelhado, fico no dilema: manter meu prazer ou o diálogo? Em geral, a fruta escurece em minhas mãos, caso o interlocutor não tenha a sensibilidade de me dar um fôlego para a comilança.

    Até pouco tempo atrás, achei que o fenômeno fosse exclusivo da minha pessoa. Uma peculiaridade a ser mantida a sete chaves, sob pena de parecer loucura aos olhos alheios. Mas descobri que uma colega de trabalho, a Cris, compartilhava comigo tal ressonância mandibular.

A descoberta se deu por acaso, num momento em que, adentrando o estúdio para gravar, ela estava mordendo o fruto proibido. Puxei conversa, mas a Cris disse que estava surda naquele momento. Percebendo minha estranheza, esclareceu:

— Quando como maçã fico surdinha, acredita? Só ouço minha mastigação!

Aturdida, arregalei os olhos. Em seguida, feliz pela novidade, disse:

— Não acredito! Eu também passo por isso! Ufa! Achei que fosse louca!

Cris retrucou:

— Jura? Que legal! Chamo isso de "mundinho maçã".

Passou a discorrer sobre o acontecimento. Nem preciso dizer o quanto rimos juntas e que a característica em comum nos uniu ainda mais. A denominação escolhida é perfeita! Assim, aproveito para pedir que não estranhem meu olhar vago enquanto como uma maçã. Por favor, não puxem conversa! O momento é tão ou mais precioso que praticar meditação. Isso se deve a motivos: pelo isolamento acústico ao som ambiente e pelo prazer gustativo! E mais: nenhum outro alimento é capaz de produzir de maneira idêntica o fenômeno.

Por isso enalteço meu corpo, em sua bendita (im)perfeição, pela dádiva de me proporcionar viver no meu "mundinho maçã". Mais alguém convive com essa espécie de eco interno?

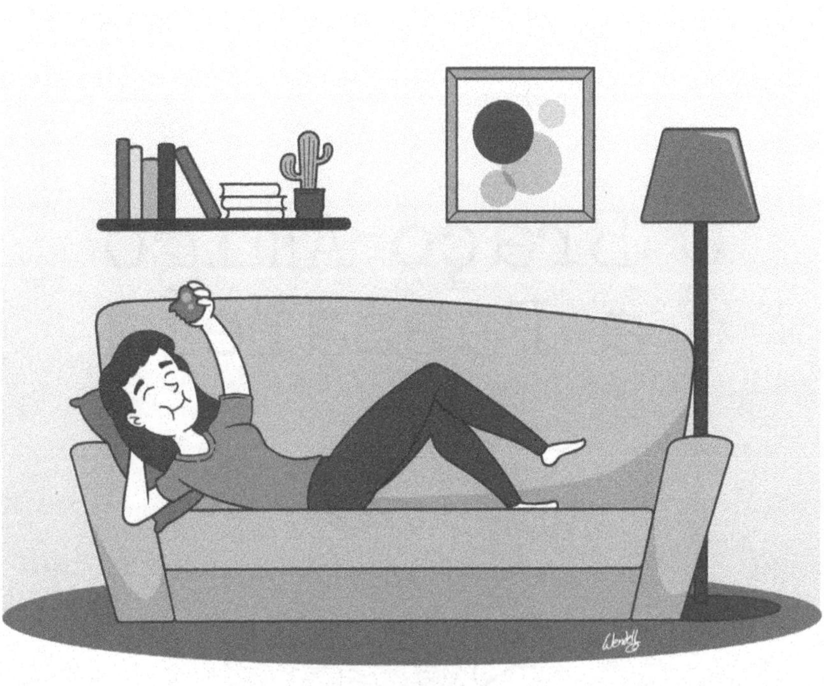

19

O Braço Amigo e a Passarela

O sol se punha, a tarde já trazia ares frescos da noite mal chegada. Mas eu suava profusamente diante da passarela. O trânsito caótico do Rio de Janeiro exigia aquele acesso. Qualquer tentativa de ziguezaguear entre os carros seria desatino, suicídio. O motorista seria, de pronto, absolvido.

Precisava atravessar. Uma bateria de testes psicológicos me aguardava, assim como o sonho de ingressar no Serviço Público Federal. Na iminência de perder a chance, agarrei-me ao primeiro braço firme que encontrei e, munida de coragem, balbuciei entre dentes ao salvador desconhecido: "me atravessa!".

Calado e igualmente constrangido, o estranho balançou a cabeça e seguiu adiante, carregando uma jovem pálida, trêmula e envergonhada. Do outro lado, sã e salva, balbuciei um agradecimento ao rapaz, na certeza de jamais o rever. Adentrei o edifício e segui, incontinenti, para a sala de testes. Não olhei para trás.

"Meu Deus, o que ele deve ter pensado de mim? Sou noiva, comprometida e praticamente me dependurei em um desconhecido!". Procurei esquecer a cena e me concentrar nos testes. No intervalo, já refeita, relanceei os olhos pela sala e qual não foi meu espanto ao reconhecer ali o meu auxiliar anônimo.

Engoli em seco. Forjei tranquilidade. Sorri amarelo em sua direção. Ele correspondeu, sob olhar piedoso. Provocar comiseração não me era um sentimento confortável, mas agradeci o semblante respeitoso, isento de júbilo ou escárnio.

Não sabia se rezava pela aprovação dele ou por seu insucesso. Tive remorsos, antecipadamente. Pedi a Deus que ele passasse. Perdi perdão por ter desejado seu fracasso. Entre emoções tão conflitantes, me despedi e, na saída, tracei itinerário mais longo, livre de atrasos, para evitar a bendita passarela.

Semanas depois, reencontrei meu ilustre ajudante — Ronaldo —, dono do braço amigo, na rodoviária Novo Rio. Partiria comigo no mesmo ônibus para Brasília. Fomos da mesma classe, pertencemos ao mesmo grupo de estudos. O desconforto inicial virou mote para piadas. Descontraí-me. Decidi contar para todo mundo — as cinquenta e sete pessoas de minha turma — o caso e o acaso. Compartilhei minha fobia.

Por ironia do destino, seu primeiro filho também se chama Lucas e tem a mesma idade do meu primogênito. Trata-se de mais uma coincidência benfazeja, a qual me orgulho de contar. Na verdade, se não fosse por ele, teria perdido os testes; o emprego; a chance de conhecer um bom amigo e de fazer piada de mim mesma.

Nota: No fim do segundo parágrafo, preferi utilizar a expressão "entre dentes" em vez de "entredentes", para deixar claro que não senti raiva ou animosidade ao dizer: "me atravessa".

20

O Choque de Um Tapa

Meu filho, com pouco mais de um ano de vida, teimava em explorar a tomada. Por mais que o advertisse, dando à voz entonação retumbante, nada o detinha diante daqueles dois orifícios funestos de onde sairia um choque potente de duzentos e vinte volts.

Mãe de primeira viagem, temerosa de que meu filho experimentasse um choque, decidi dar-lhe um tapa na mãozinha, seguido de novas advertências sobre o perigo iminente. O olhar lacrimoso condoeu-me, mas julguei imperioso romper, no momento, aquele círculo vicioso "toque-choque".

A partir de então, não foi mais necessário falar duas vezes: ao se aproximar do espelho do ponto de energia, apontava para minha própria mão relembrando o tapinha e insistia que se afastasse dali. Intimamente rezava para que a experiência não o impedisse de descobrir o mundo, de ter livre iniciativa. Enfim, de ser destemido.

O tempo passou e, fazendo compras em um grande magazine, me deparei com protetores de tomada! Uma invenção que teria evitado aquele tapa em meu filho e certamente o estresse da vigilância irrestrita.

O segundo filho chegou e com ele a certeza de que não haveria mais problemas com choque. Dito e feito! Comprei vários protetores! Livrei minha casa (e minha consciência) daquele perigo. Engatinhando, o vi tatear o bendito artefato plástico e desistir de pronto daquela aventura.

Esqueci-me, no entanto, de que o mundo não tem protetores. Na primeira visita, num breve descuido, eis que ouço o berro de meu caçula! Corri para ele. Estava pálido, suava frio e chorava muito. Diante da tomada, ainda com os dedinhos próximos à abertura, constatei que fora vítima de um choque!

Não é fácil educar. Questionei-me se tinha o direito de usurpar do mais velho a vivência de um choque. Lastimei o tapinha não dado no caçula. Arrependia-me do tapa na mãozinha inocente do primogênito. Culpava-me pela bobeada em casa alheia e falta de tato para lidar com questões como essa.

Que caminho tomar na melhor condução da vida de nosso rebento? O que é lícito a um pai ou uma mãe fazer para protegê-lo? Até onde deve ir nosso poder de persuasão? Como decidir o que ele deve vivenciar? A questão persiste: o choque de um tapa ou o tapa de um choque?

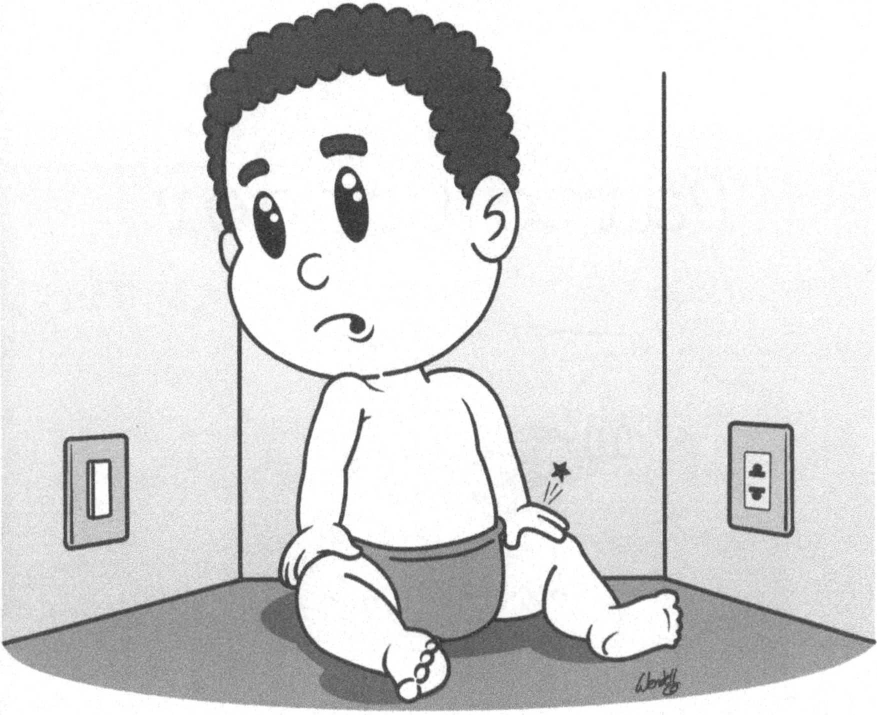

21

Parto Condor

Durante meus nove meses de gestação acalentei o desejo de ter parto normal. Planejei valer-me da analgesia, ou seja, depois de alcançado certo ponto de dilatação, receberia a famosa raquidiana para, então, livrar-me da dor.

Tudo corria bem, sem intercorrências, ao longo dos nove meses. Até que lá pelo dia 8 de junho vivenciei minhas primeiras contrações. Imaginávamos — minha mãe, meu marido e eu — que Mateus não tardaria a chegar ao mundo e da forma mais natural possível. Qual não foi minha decepção, porém, quando as contrações cessaram e não voltaram a ocorrer.

Como já havia passado bastante do prazo limite e o convênio da maternidade com meu plano de saúde estava a dois dias de expirar, minha obstetra julgou prudente fazer uma cesariana. Assim, em 13 de junho de 1996 — dia do aniversário de meu primogênito —, pulei bastante durante a festa e resisti bravamente aos docinhos.

Às dezoito horas em ponto, seguindo recomendação da minha médica, apresentei-me na maternidade, munida da famosa bolsa e com o marido a tiracolo, a fim de registrar aquele momento tão especial. É claro que havia também o medo da troca de bebês. Não custava redobrar a atenção e os cuidados.

Fui para a sala de cirurgia bastante nervosa. O procedimento que enfrentaria não morava nos meus sonhos. Mas nem sempre a gente consegue tudo o que quer. Lá, encontrei duas enfermeiras maravilhosas, cujos nomes infelizmente não me recordo. Fui instada a projetar meu corpo para frente, no limite do possível, para receber a anestesia. Preocupada em permanecer imóvel, respirei calmamente e procurei me acalmar. A posição era bastante incômoda. As duas almas abençoadas — uma de cada lado —, me acarinhavam, enquanto recebia o anestésico. Enquanto uma alisava meus cabelos, a outra fazia carinhos em minha mão direita, balbuciando palavras de conforto. Não senti dor alguma!

O problema veio a seguir. Deitada na maca, descobri a presença de um pediatra. Do sexo masculino. Nunca imaginei que isso iria acontecer. Completamente nua, comecei a tremer. De vergonha, de medo, de vontade de fugir. Meu marido, paramentado, portava a máquina fotográfica no mais absoluto silêncio.

Como estava tremendo demais, fechei os olhos para rezar. Precisava de acalmar a todo custo. Diante da cena, o anestesista interveio:

— Vai dormir não, né, mãe?

— Não. Estou só me concentrando... — segui em oração até atingir um estado de profunda paz. A partir daí passei a não me lembrar de mais nada.

Meus batimentos cardíacos despencaram. Alarmada, a obstetra perguntou:

— O que houve com ela?

— Tudo bem. Ela dormiu.

Assistindo a tudo, meu marido acompanhou cada detalhe. Os cortes com o bisturi, a conversa entre os profissionais, a força despendida ao se abrir caminho para o nascimento do nosso caçula e seu choro inaugural.

Continuei dormindo. Colocaram meu bebê no meu seio. Disso não me lembro, mas há fotos para comprovar. Foi pesado, medido, limpo e seguiu para o berçário, enquanto me levaram para o quarto.

Foi um dos dias mais inesquecíveis de toda a minha vida. No dia seguinte, antes de tomar banho, me sentei. Sem força no abdômen, fui projetada para trás e quase abri os pontos, não fosse a agilidade de minha mãe. Ela me amparou rapidamente. Vi estrelas naquele momento.

Aos poucos, fui me acostumando à nova realidade: barriga escura (por conta do iodo), enrugada e esquisita. A sensação estranha de que meus órgãos poderiam escorrer por minhas pernas, fugindo das minhas entranhas — o que, felizmente, não se concretizou.

Desse dia em diante, tornei-me mãe por completo. Com todas as suas agruras e contentamentos. Ainda um pouco triste por não ter realizado o sonho de parir sem pontos, mas realizada, por carregar nos braços mais um tesouro. Mais que coruja, senti-me como um condor, capaz de alcançar grandes distâncias, protegendo o rebento sob sua envergadura. Pronta para enfrentar ventos contrários e vencer meus próprios medos.

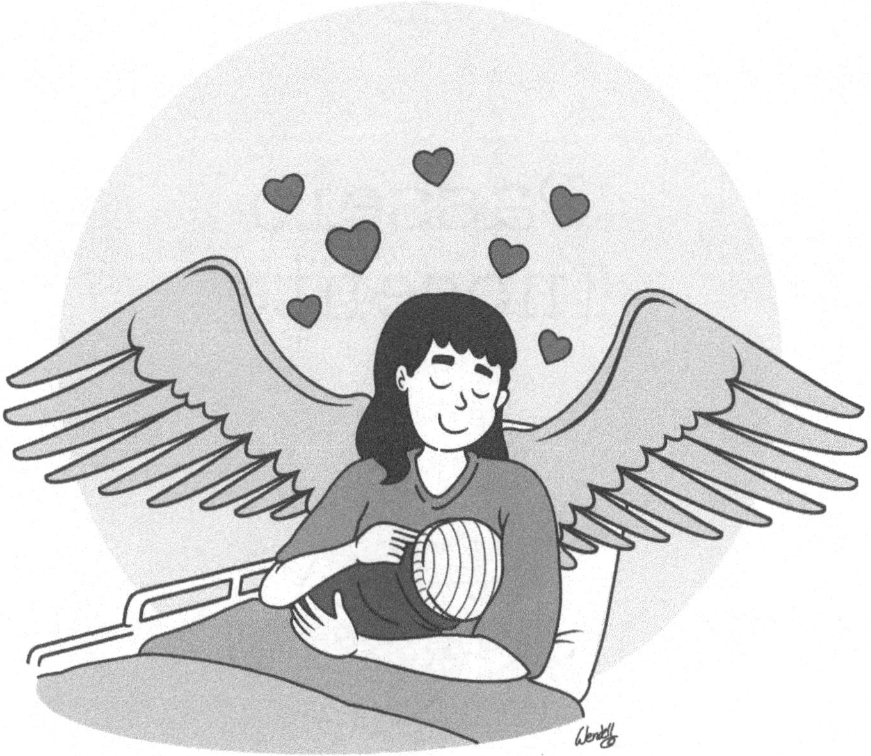
Wendell

22

Passeio Inocente

O calendário marcava 1976. Estava com 10 anos de idade e minha irmã caçula, 8. Brincávamos (e brigávamos) juntas no quintal. Havia sempre a disputa: quem seria a mãe e quem faria o papel de filha. Bons tempos aquele!

De dentro de casa, em seus afazeres, mamãe nos espiava de vez em quando. Foi numa dessas tardes que eu e Marina decidimos que queríamos passear. Em nossa fantasia, faríamos um passeio pelas redondezas, incorporando o papel de adultas. Precisávamos do aval materno, por isso entrei, estufei o peito e, cheia de coragem, pedi:

— Mãe, eu e Marina podemos caminhar aqui pela rua?

A resposta veio rápido:

— Não. Brinquem aqui no quintal mesmo.

Tentei argumentar, mas a fisionomia de mamãe fez minha coragem simplesmente evaporar. Ao relatar a negativa, a minha mana, ela se recusou a aceitar a proibição. Afinal, que mal havia em dar uma breve caminhada pelo bairro?

Concordei com ela, mas temia a fúria de nossa genitora. O mais sensato seria acatar a ordem e seguir no faz de conta por ali mesmo. No entanto, enquanto tomávamos nosso chá da tarde — encarnávamos o papel de comadres —, minha mãe precisou dar um pulo na casa da vizinha. Eu e minha "visitante" nos entreolhamos. Seria a oportunidade perfeita para escapulirmos. Assim fizemos. De mãos dadas, começamos a descer a ladeira em direção à estrada que avistávamos de nossa casa, rompendo a barreira do portão. A aventura começava, para nosso completo entusiasmo!

Nesse ínterim, nossa mãe retornou e, estranhando nossa súbita ausência no lado externo da casa, deu início a uma busca nos cômodos. Nada. Simplesmente havíamos sumido! Lembrou-se, então, do nosso desejo descabido de explorar o entorno e se pôs a caminho atrás de nós. (Ela nos contou tudo bem mais tarde.)

Fizemos uma bela caminhada! Atravessamos a ponte sobre o rio vermelho, vítima de uma fábrica de tintas que havia na área. Exploramos as paisagens, reparando nas casas perfiladas ao longo das ruas adjacentes. Cerca de quarenta e cinco minutos depois, suadas e satisfeitas, adentramos o lar para nos deparar com nossa mãe pálida, desesperada. Algumas vizinhas tentavam acalmá-la. Minha irmã pouco se comoveu com a cena, retomando seus jogos infantis. Eu, porém, olhei atentamente para o semblante agoniado de mamãe e a culpa me bateu forte. Ela me olhou de volta com uma mágoa no olhar e a promessa de castigos. As vizinhas logo se dispersaram, não sem antes me dirigir repreensões enfáticas.

Um frio percorreu minha espinha. Logo vi que estava muito encrencada. Mas resolvi encarar o problema e me aproximei. Pedi desculpas para lá de sinceras. Toquei as mãos frias de mamãe, que me explicou com uma calma inesperada o quão perigoso havia sido aquele inocente passeio.

Na época não tinha noção da quantidade de crianças desaparecidas, desconhecia os perigos do abuso infantil, do tráfico de pessoas... Enfim, não se falava em pedofilia, embora a prática infelizmente existisse. Em seu alerta, minha mãe mudou minha visão de mundo. Rogou para que eu prometesse jamais repetir o feito. Compreendi meu papel de protetora de Marina. Foi assim que cessaram os passeios em dupla, o desejo de explorar as cercanias e a inocência de achar que o mundo era um lugar perfeitamente seguro. Ainda bem que tive mais essa prova de amor de minha mãe!

23
Perda de Identidade

Todo mundo que já andou de avião viveu alguma experiência desagradável ou inusitada em aeroporto. Nem que seja um atraso, um *overbooking*. Eu, por exemplo, já tentei fazer *check-in* na véspera por errar a data do voo. Passei uma vergonha daquelas, na frente de uma fila gigante de passageiros aflitos.

No entanto, tragédia maior aconteceu quando meu RG (ou carteira de identidade) simplesmente voou. Detalhe: eu ainda nem havia entrado na aeronave. Tudo aconteceu no guichê, ao despachar minha bagagem. Como sempre: aeroporto lotado, véspera de feriado prolongado, pessoas atrasadas... Eis que chegou minha vez de me livrar de minhas malas! Solícita, a atendente pediu que me identificasse. Ao apresentar meu documento, porém, ele simplesmente se ejetou de minha mão, fez belas piruetas no ar e pousou exatamente entre o balcão de atendimento e a esteira rolante.

Encarei a funcionária da companhia aérea, sem saber o que fazer. Ela, de imediato, tentou retirar minha carteira "abduzida", sem sucesso. Quem assistia à cena começou a cochichar. O zum-zum-zum alcançou os primeiros da fila e eu simplesmente não sabia onde enfiar minha cara.

A solução veio rápido: a atendente, dessa vez de cenho franzido, contatou alguém pelo rádio. Solicitou apoio da equipe de manutenção, pelo que entendi. O funcionário veio logo, avaliou a situação e pediu reforço. Diante da movimentação, passei a suar ainda mais profusamente. O tempo corria e temi perder meu voo.

Dali a alguns minutos que não soube precisar, vieram outros dois servidores para desmontar parte da esteira! Imaginem a cena: fila fazendo caracol, poucos guichês abertos e aquele, interditado. Por sorte, os rapazes foram eficientes. Rapidamente localizaram meu RG e o entregaram à atendente, que concluiu meu *check-in* com o semblante aborrecido.

Preferi não acompanhar o restabelecimento do posto. Evitei encarar os passageiros exasperados, cujas fisionomias exprimiam profundo descontamento comigo. Como se fosse eu a culpada pelo voo (e perda momentânea) de minha identidade.

Segui apressada para o portão de embarque, com minha bagagem de mão, rezando para que não houvesse mais surpresas desagradáveis durante o voo. Queria um pouco de sossego para restaurar meu bom-humor e o funcionamento de minhas glândulas sudoríparas!

Posso afirmar, com certeza, que esse foi um dos maiores "micos" que já enfrentei em aeroporto. Até a presente data, pelo menos. Outros virão. Mas serviu para aprender importante lição: entregar o RG sempre dentro do perímetro do balcão. Além disso, evitar gestos bruscos e contar com uma mãozinha da sorte, se não for pedir muito...

24

Po(r)ção
de Mãe

Cinco bocas famintas circundando nossa mãe. Todas em torno do fogão onde, numa única panela, era aquecido o "mexidão" — nome dado à refeição do dia, que em geral consistia na mistura do pouco que tínhamos na despensa.

Mamãe aquecia tudo numa panela e distribuía com parcimônia pelos pratos de ágata, de modo que cada uma recebesse seu quinhão. Ela sempre se servia por último, espiando, atenta, nossa degustação.

Numa dessas ocasiões, depois de já ter comido freneticamente minha parte, percebi minha irmã caçula se aproximar de mamãe, em tom queixoso:

— Continuo com fome, mãe.

Com a panela vazia e todas as porções servidas, sabiamente minha mãe orientou:

— Bebe água que passa!

Minha mana se afastou, procurou o filtro de barro e se serviu de generoso copo de água. Ainda insatisfeita, voltou a pedir:

— Passou não, mãe. Quero mais!

Sem ter mais o que fazer, minha mãe ofereceu o próprio prato, ainda praticamente intocado. Naquele dia, ela dormiria com fome, na esperança de contar com algum alimento no dia seguinte.

Inocente, a caçula se refestelou. Comeu avidamente a porção a mais, sob nosso olhar consternado. Em seguida, como num ritual silencioso, fomos dormir — outra forma de silenciar o apetite voraz malsatisfeito.

Antes de me deitar, olhei com profunda admiração aquela mulher sábia e resiliente. Além de minha mãe, tornou-se uma espécie de ídolo, uma maga capaz de multiplicar os víveres e dar de si em prol de nosso bem-estar. Jamais tive coragem de requisitar nada além do que me cabia. Pelo contrário: controlava meu apetite para me saciar com cada vez menos. Reconhecia as dificuldades que enfrentávamos. Assim, já bebia água logo após a refeição, escovava os dentes — em geral, com raspas de sabonete — e me deitava.

A noite, em geral longa, era abreviada pelo desejo ávido do amanhecer, a fim de contar, quem sabe, com um mingau de fubá coberto por uma calda rala, feita com um pouco de açúcar, para adoçar nosso paladar infantil. Apesar de tudo, éramos felizes. Unidas. Tínhamos uma mãe maravilhosa, que vencia as agruras da vida com seu amor e desvelo.

Com ela aprendemos a dividir. A lutar por dias melhores. A crer em nosso potencial e jamais cobiçarmos os bens alheios. A pobreza era apenas uma fase, ela sempre dizia. Alertava que o estudo nos tiraria da miséria e cria piamente em dias melhores. A verdade é que, geralmente, quando não havia mais o que comer, recebíamos a visita inesperada de uma amiga (por vezes uma comadre) com as mãos cheias de sacolas. Traziam legumes e verduras. Em algumas ocasiões, até carne. Era uma festa! Com olhos úmidos, mamãe erguia os olhos para o alto e agradecia a intercessão divina. Um dia a mais de refeição, sem que precisássemos beber tanta água. Uma noite de sono tranquila para todas. Em especial para ela, nossa heroína mor.

25
Relógio de Bolso

Depois do quinto assalto — e perda do quinto relógio —, fui advertida de que não deveria expor o adereço no pulso. Melhor seria mantê-lo dentro da bolsa e consultá-lo quando necessário. Poderia não ser o procedimento mais prático, mas com certeza o mais prudente.

Assim fiz: passei a carregar meu relógio na bolsa, mais precisamente no bolso da frente, para facilitar o acesso. Com a consciência tranquila, saí para fazer compras em Madureira, bairro do Rio de Janeiro. Visitei bancas de centros comerciais populares, comparei preços e adquiri alguns itens bem baratos. A manhã de sábado, bastante produtiva, havia me deixado com os pés cansados. Por isso rumei de volta para casa entusiasmada, abraçando minhas sacolas, com a bolsa junto ao corpo.

Ao chegar, me joguei na cama, para aliviar a coluna. Minha bolsa (soterrada pelas compras) ficou largada num canto do quarto. Naquele momento precisava urgentemente de banho e comida!

Mais tarde, relaxada e devidamente alimentada, busquei minhas recentes aquisições para satisfazer a curiosidade de minhas irmãs. Era praxe trocarmos itens do vestuário. Resolvi também conferir o estrago daquela extravagância em minhas finanças. Para isso, resgatei minha bolsa e reparei, então, que o bolso da frente estava aberto. Fiquei alarmada: eu havia deixado tamanha brecha para os ladrões?

Desesperada, procurei pelo relógio. Não estava lá. Sabia que ninguém da família havia mexido, pois cochilei trancada em meu quarto e só abri a porta para a exibição das peças. Em todo caso, confirmei com minhas irmãs, que estranharam a pergunta e minha crescente inquietação. Expliquei o ocorrido. Para consternação geral, lá se fora meu sexto relógio...

Nem preciso dizer o quanto fiquei aborrecida. Havia seguido à risca a instrução descabida de onde utilizar meu relógio de pulso para, no fim das contas, ser subtraída do mesmo jeito. Teria de fazer outra dívida, pois o item era de suma importância na minha rotina. Encarei os olhares de piedade de minhas irmãs. Não havia jeito. Quem quer que tivesse me roubado era dotado de talento. Precisava reconhecer, afinal a mão era tão leve que nem senti o contato! O meliante simplesmente abriu o zíper frontal de minha bolsa jeans, sem que eu percebesse; retirou o relógio de pulso e nem se preocupou em disfarçar a conduta. Deixou o bolso aberto. Olhe que eu trazia a bolsa agarrada ao meu braço, com a alça presa na altura do cotovelo. De nada adiantou... Uma lástima!

Lição aprendida: usar o adereço no local originalmente previsto, com destemor! Por isso, a partir daquele malfadado sábado, passei a ostentar meu sétimo relógio no pulso esquerdo mesmo. Desembolsei menos daquela vez, é claro. Optei por um modelo ainda mais simples, pouco chamativo. Mas pelo menos estaria exposto, para facilitar a consulta das horas. Deixei de me preocupar tanto com a ação dos larápios e foquei no meu bem-estar.

Posso garantir, por ora, que o conforto se manteve por algum tempo. Não vou dar *spoiler* do próximo assalto... Não quero desencorajar os mais destemidos que, como eu, decidiram não se abster de seus itens preciosos. Tampouco quero amedrontar os cariocas ou turistas que enfrentam diariamente as ruas do Rio. Enfim, tudo é uma questão de manter pulso firme sobre a própria vida.

26
Roupa Suja se Lava em Casa

Roupa Suja
se Lava em Casa

Separados há vários anos, meu pai costumava nos visitar nos fins de semana. Geralmente minha mãe estava no trabalho, mas às vezes a visita coincidia com sua folga semanal. Foi justamente num desses dias de descanso que tudo aconteceu.

Mas antes é preciso explicar que a separação não foi tranquila. Depois de vinte anos de casamento (e muitas mágoas acumuladas), meu pai saiu de casa. Não vale a pena detalhar a última briga, melhor deixar para lá. Ele ficou quase dez anos sem fazer contato, até decidir voltar querendo nos ver.

Nessa reaproximação complicada, os encontros eram incômodos — devo confessar. Os assuntos escasseavam e o desconforto prevalecia, inevitavelmente. Era quase uma obrigação receber nosso pai no portão.

Com o tempo, ele pôde se sentar na varanda, beber uma limonada. Minha mãe foi cedendo aos poucos, acalmados os ânimos. Assim, num dia em que minha mãe estava em casa, ele pediu para ir ao banheiro. Estranhamos um pouco a demora, mas resolvemos ficar caladas. Talvez estivesse com algum problema intestinal... Vai saber?

Continuamos o papo, que se estendia até o ponto de ônibus. Por ser muito míope, julgávamos prudente colocar nosso velho dentro do coletivo, garantindo-lhe o retorno ao novo lar. Após as despedidas, rumamos de volta para casa, quietas, ruminando a estranha situação. Ao entrarmos pela porta, porém, percebemos nossa mãe bufando, indignada:

— Aquele filho de uma égua não entra mais aqui. Tá vendo? O que adiantou eu bancar a boazinha?

Enquanto bradava, caminhava para lá e para cá, sem parar. Uma de nós arriscou perguntar:

— O que houve, mãe? Do que a senhora está falando?

— Seu pai, aquele safado, remexeu nas roupas sujas, bagunçou o banheiro todo!

— O que ele iria querer com isso? Não entendi... — disse eu, na minha inocência juvenil.

— Ora, filha, no mínimo ele queria ver se encontrava roupa de homem aqui em casa.

Ficamos estupefatas. Jamais imaginaríamos que aquela demora se devesse a tal manobra. Era algo bastante plausível, já que papai sempre se mostrara muito ciumento! Resultado:

a partir daquela data, as visitas voltaram a se restringir ao portão, sem direito a idas ao sanitário. Além de constrangedor, o fato se transformou num motivo a mais para esgarçar nossa já parca conversação.

27

Sétimo
Assalto

Quem mora no Rio de Janeiro reconhece a iminência de um assalto. Vive em estado de alerta. Talvez não seja um privilégio dos cariocas, em razão da violência urbana que grassa pelo país. Mas eu senti isso bem de perto.

Fui assaltada sete vezes. Em todas elas, perdi um relógio. Não havia hora definida. Houve ladrão que preferisse o sol das dez da manhã; outros, o meio da tarde. As armas utilizadas também variavam: canivetes, revólver... Uma revolta sempre me rondou naqueles momentos de pressão e medo. Na primeira vez discuti com o meliante. Recebi ameaças. Tive de mudar meu itinerário por uns dois meses.

O mais marcante dos assaltos, contudo, foi o último. Você vai entender o porquê. Na época — final dos anos 1990 —, estudava à noite, na Primeiro de Março, no centro do Rio. Costumava sair da aula depois das dez da noite, mas naquele dia, por sorte, saí às oito e meia. Fiquei aliviada, pois chegaria mais cedo em casa.

E assim foi: embarquei no ônibus com ar-condicionado — daí o motivo pelo qual o chamavam de "frescão" —, sentei-me logo no banco da frente, atrás do motorista, e comecei a ler. Meu tempo era precioso e, sempre que podia, adiantava o estudo de alguma matéria. Acendi a luz direcional e foquei minha atenção nas páginas do caderno.

Lá pelas tantas, na altura de Guadalupe, entraram três passageiros: dois homens e uma mulher. Todos bem trajados, com casacos de couro. O ônibus imerso na penumbra. Apenas minha luz acesa. Eles seguiram pelo corredor estreito até os últimos assentos.

Seguia atenta à minha leitura quando comecei a ouvir um burburinho. Evitei a distração e voltei a me concentrar nos estudos. Até que de repente ouvi:

— Não tô conseguindo tirar. Calma! — gritou um passageiro, transmitindo aflição na voz.

— O que foi que você disse? — berrou outro.

— Fique calmo. Ele vai entregar o relógio, sem reagir, não é mesmo? — dessa vez era uma mulher, transparecendo tranquilidade.

Quando olhei para trás, na direção das vozes, reparei que aqueles três últimos passageiros estavam de pé, dois deles portando armas. Meu coração acelerou. Parecia cena de novela. Não queria acreditar que aquilo estava acontecendo... de novo!

A mulher trazia uma meia-calça cobrindo o rosto, puxada para baixo, a fim de deformar suas feições. Os homens, claramente nervosos, anunciaram o assalto, aos brados. Exigiram que colocássemos as mãos no assento da frente e entregássemos os objetos de valor.

Como eu era a primeira da fila, estiquei os braços e os mantive no ar, tentando alcançar o vidro que me separava do motorista, sem sucesso. Comecei a rezar silenciosamente, recorrendo a todo meu repertório religioso. Temi por minha vida, pois estava com a luz acesa e, assim, facilmente reconheceria os bandidos.

Aflitos, os passageiros entregavam seus pertences. Ouviam-se murmúrios apenas, além da respiração alterada dos ladrões. A mulher era a responsável por armazenar a carga, recolhendo os itens subtraídos pelos outros dois. Assim seguiram nessa faina até chegar a minha vez. Não tinha dinheiro na bolsa. Levava apenas um porta-níquel pesado, cheio de moedas de um real. Seria o meu fim. Quando constatou minha situação, um dos assaltantes não quis acreditar. Bufando, escancarou minha bolsa com violência e procurou por algo mais significativo. Como realmente não havia o que roubar, apontou para meu pulso e exigiu o relógio. Trêmula, consegui retirar o adereço.

Enquanto dois voltaram a percorrer o corredor à procura de mais itens, um dos homens sentou-se junto ao motorista, apontando a arma para a cabeça dele, ameaçando:

— Se você reduzir, frear, piscar a seta ou deixar o carro morrer, te mato! Siga em frente!

Aí fiquei ainda mais nervosa. Rezei pelo condutor. Pedi que ele conseguisse cumprir a ordem dada, pois estava sentada logo atrás e poderia ser atingida por algum projétil. Com os braços estendidos, comecei a sentir cansaço. Percebendo minha aflição, o assaltante cutucou meu joelho direito e, com meio riso, avisou:

— Pode abaixar o braço!

Aliviada, voltei a abraçar minha bolsa, aberta sobre o colo. Tive vontade de apagar as luzes de leitura, mas temi que um gesto brusco provocasse uma reação do bandido armado. Preferi baixar os olhos, evitando contato visual.

Mais adiante eles pediram que o motorista parasse e abrisse a porta. Havia um carro esperando por eles. Tudo planejado. Antes de descerem, porém, exigiram que o motorista seguisse adiante, sem parar. Eles estariam logo atrás e meteriam bala na lataria, caso não fossem obedecidos.

Incrivelmente calados, seguimos viagem. Bem mais à frente, o motorista avisou que os ladrões haviam tomado outro rumo. Informou ainda que iríamos direto para a delegacia. Ele precisaria do nosso testemunho, para evitar problemas com a companhia de ônibus. Afinal, todo o dinheiro do caixa havia sido roubado.

Alguns passageiros resolveram se pronunciar, numa espécie de catarse. A senhora ao meu lado, na outra fileira, lamentou terem levado todo o salário da semana. Ela era faxineira. Outro reclamou pela aliança. Preferi ficar calada, mas pensei: puxa, paguei somente a primeira parcela do meu relógio novo!

Mais adiante, descemos no posto policial para registro do Boletim de Ocorrência. Apenas procedimento de praxe, para isentar o motorista de possível cumplicidade com os larápios. Depois dos trâmites burocráticos, retomamos o trajeto.

Abalada, constatei que de nada tinha valido sair mais cedo. Acabei chegando no mesmo horário, só que um pouco mais pobre. Esse foi meu sétimo e último assalto no Rio de Janeiro. Nada contra minha terra natal, chamada de Cidade Maravilhosa, o fato é que peguei trauma de coletivo. Cada olhar enviesado ou gesto brusco de alguém me dava taquicardia... Precisava apear de imediato. Não podia continuar assim. Achei por bem retornar para São Luís do Maranhão — minha Ilha do Amor.

28

Sob Pressão

Éramos muito pobres e, graças à caridade alheia, recebíamos diversas doações. Desde roupas e brinquedos, a comida e utensílios para o lar. Um desses presentes foi uma panela de pressão. Artigo considerado caro (e um tanto supérfluo) para os nossos padrões, mas que trouxe um sorriso enorme para o rosto sofrido de minha mãe.

Com cinco meninas para cuidar e sem marido, o "artigo de luxo" pouparia tempo e gás, além de ser uma novidade, que provocou alvoroço na família, especialmente entre as filhas mais velhas. As menores ainda não chegavam perto do fogão.

Mas todas, sem exceção, ajudavam a carregar água. Sem saneamento básico e instalações hidráulicas decentes, o jeito era caminhar até uma bica, que ficava a quase um quilômetro do barraco, para encher baldes e outros recipientes. Muitas bocas para alimentar e banhar!

Assim íamos, nós seis — incluindo mamãe —, entrar na fila atrás desse precioso líquido! Formávamos uma caravana mal trajada, suada, formada por uma carreira de diferentes idades e estaturas, cada qual portando seu pote. Mamãe e as irmãs mais velhas carregavam baldes. Eu e a caçula, em geral, levávamos caçarolas ou panelas.

Numa dessas incursões, recebi a incumbência de trazer água na bendita panela de pressão. Boba como sempre fui, saltitava com a raridade nos braços, cantando e fazendo comercial do produto. Minhas irmãs riam. Todo mundo acabava achando graça das minhas bizarrices.

No retorno, com os recipientes cheios, cansadas, minha mãe e irmãs preferiam o silêncio, a fim de pouparem o fôlego. Menos eu. Vinha cantarolando, pulando, com a panela de pressão nos braços. Tudo seguia tranquilo até que, subindo nossa ladeira sem asfalto, tropecei numa pedra e caí. A panela foi parar mais adiante, derramando água pelo barro da rua. Levantei-me, limpei os joelhos e constatei que teria mais uma marca no local. Medalha adicional de uma infância bem vivida.

A panela jazia quase vazia, brilhando ao sol de tão areada, com o cabo quebrado... Percebi o olhar consternado de minha mãe, que em seguida, transmutou-se em ira. Sabia que viria bronca. Afinal, de que valeria o bem sem o cabo para sustentar a tampa? Transformara-se em mais uma simples panela.

Subimos o restante do trajeto caladas, circunspectas. Tudo por causa de uma simples panela. Algo que nos colocava num patamar superior, numa época em que não era comum ser dono de um item como aquele.

Nem preciso dizer como me senti. Fiquei arrasada comigo mesma. Que irresponsável! Deveria ter sido mais zelosa! Já tinha nove anos. Deveria ter prestado mais atenção. Enfim, martirizei-me antes mesmo de receber qualquer reprimenda materna. O olhar de minhas irmãs também me marcou. Palavras tornaram-se dispensáveis naquele momento.

O tempo passou, estudamos, cada uma buscou suas próprias conquistas. Deixamos de carregar água, a situação melhorou. Anos depois, conseguimos construir uma rede de esgoto! Passamos a ter acesso a banho quente e tudo. Uma maravilha! Porém, até hoje me lembro daquele episódio triste e vexatório, quando estive sob pressão.

29

Tic-Lic

Primeiro dia de estágio no Amazon Sat — um canal temático sobre a Amazônia — na produção de um programa ao vivo. Tratava-se de exigência para conclusão do meu curso para ser locutora e apresentadora de rádio e televisão. Precisava conhecer diferentes setores.

Naquele dia o responsável por minha orientação era o diretor do programa que, pacientemente, me explicava a utilidade de tantos botões, com a pressa peculiar de homem de TV. Lá no estúdio havia um colega cinegrafista, também em formação, enfrentando o desafio da câmera, possivelmente tão ou mais ansioso que eu. Mal o conhecia. Na verdade, nem sabia seu nome. Apenas compartilhávamos a expectativa de sucesso profissional.

O diretor me pediu, então, que testasse o microfone de lapela, já preso na gola do apresentador. Na sala de operações, tinha certeza de que haveria um botão (maldito botão!) para me comunicar com o estúdio. Meu colega estagiário estava lá e por certo me ouviria. Mas senti um medo tremendo de apertar o botão errado e comprometer a transmissão.

Observando de relance minha hesitação, o Diretor gritou:

— Fala com o "Tic-Lic".

Rapidamente, relanceei os olhos pelas legendas no painel, à procura do tal botão, cujo nome não havia reconhecido. Sem êxito, me armei de coragem e decidi perguntar:

— Que botão é esse? Onde fica?

O diretor riu da minha pergunta. Quis afundar na cadeira naquele momento, mas acabei relaxando, por julgar que seria compreendida em minha dúvida. Afinal, estava aprendendo. Em tom de troça (bem-humorada, é bom dizer), o chefão me respondeu que Tic-Lic era o apelido do cinegrafista. Ao mesmo tempo, indicou o botão correto e deu início ao teste.

Bestificada, constatei que sempre temos algo a aprender. A humildade é importante; o humor, fundamental. Mas nada sobrepuja a constante ânsia de saber, de perguntar, de conhecer bem a equipe. Para evitar deslizes como o meu. Afinal, apertar um botão por engano pode levar o mundo, literalmente, pelos ares.

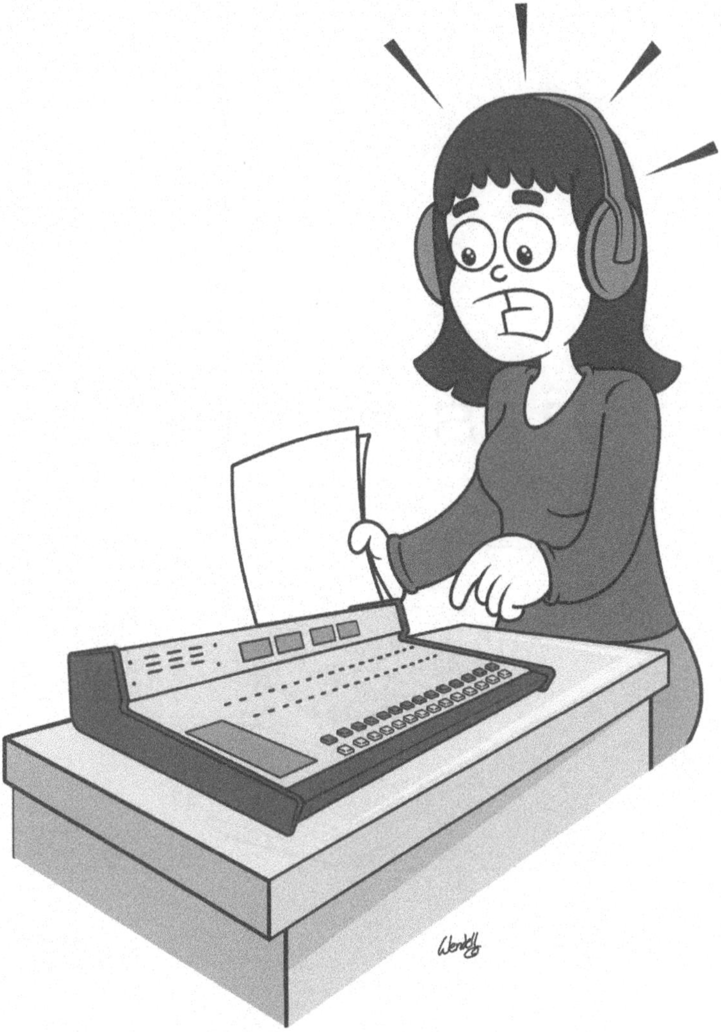

30

Viés Alheio

Meus filhos são muito diferentes entre si. Isso parece bastante óbvio, mas provoca estranhamento, na medida em que foram criados pelas mesmas pessoas, sob idênticos valores. Assim, enquanto um começou a andar com oito meses de idade (sem qualquer incentivo de nossa parte), o outro o fez ao completar exatos doze meses, após muito estímulo.

A questão, contudo, não se restringe a isso. Enquanto o caçula nunca se importou por estar sujo — poucas vezes chorou quando bebê por esse motivo —, o primogênito berrava tão logo enchesse a fralda. Talvez por isso tenha se livrado delas com um ano e seis meses, recusado o penico e partido direto para o vaso sanitário com redutor.

Tais diferenças nunca me incomodaram. Serviam apenas como marco da personalidade e do desenvolvimento de cada um. Até que um dia, passeando com o Lucas (meu mais velho), ele me pediu para tomar sorvete. Era um dia quente e estávamos no ponto de ônibus, a fim de retornarmos para casa. A venda ocorreu ali mesmo. Entreguei o picolé para meu filho que, de imediato, se agachou, afastou as perninhas e aproveitou a guloseima claramente preocupado em não macular seu macacão novo. As mulheres que aguardavam no ponto me olharam (estranhamente) com raiva. Franzi a testa em resposta, olhando diretamente para elas.

Fiquei matutando um pouco sobre o motivo do olhar raivoso, enviesado. Vigiei novamente meu filho com pouco mais de dois anos de idade, agachado e circunspecto. Uma luz se acendeu e percebi que aquelas pessoas me julgavam. Achavam que eu havia incutido esse excesso de zelo pela limpeza em meu bebê. Mal sabiam elas que era algo inato, que desde sempre ele detestava se sentir sujo!

Deixei para lá. Não precisava provar nada para ninguém. É claro que senti certo incômodo pelo julgamento (cheio de viés) alheio, mas preferi ignorar aquele mal-estar. Lucas chupou seu picolé, me entregou o palito e pediu, agoniado, que eu limpasse suas mãozinhas. Saquei lencinhos umedecidos da bolsa e higienizei seus dedos melados. Novamente cabeças indignadas se voltaram para (e contra) mim.

Torci para que meu ônibus chegasse logo. Não queria me indispor, nem suportar por mais tempo aquele clima de "linchamento" moral. É comum as pessoas julgarem as outras baseadas em seus pressupostos. Mal sabiam elas que na semana anterior me vi obrigada a comprar uma roupa nova para meu caçula, pois ele havia se lambuzado com chocolate até os cabelos! Mateus continuaria desfilando todo sujo pelas ruas, com certeza. Nessa situação, possivelmente eu seria alvo de olhares reprovadores por desmantelo com o rebento inocente. Enfim, difícil escapar da crítica. O melhor mesmo é ser fiel aos próprios princípios e seguir firme nos ideais.

Este livro foi composto por letra em Adobe Garamond Pro
12,0/16,0 e impresso em papel Pólen Soft 80g/m².